本书是2018年国家社科基金一般项目《新时代促进我国科技创新的财政政策体系优化研究》（18BJY207）的阶段性成果

Research on Fiscal Policies for
Science & Technology Innovations
under the Strategy of Innovation Drive

创新驱动战略下促进我国科技创新的财政政策研究

李天建 著

图书在版编目(CIP)数据

创新驱动战略下促进我国科技创新的财政政策研究/李天建著. —北京：北京大学出版社，2020.2

ISBN 978-7-301-31256-8

Ⅰ.①创⋯ Ⅱ.①李⋯ Ⅲ.①技术革新—财政政策—研究—中国 Ⅳ.①F124.3②F812.0

中国版本图书馆CIP数据核字（2020）第106459号

书　　　名	创新驱动战略下促进我国科技创新的财政政策研究 CHUANGXIN QUDONG ZHANLÜE XIA CUJIN WOGUO KEJI CHUANGXIN DE CAIZHENG ZHENGCE YANJIU
著作责任者	李天建　著
策划编辑	王显超
责任编辑	王显超　李娉婷
标准书号	ISBN 978-7-301-31256-8
出版发行	北京大学出版社
地　　　址	北京市海淀区成府路205号　100871
网　　　址	http://www.pup.cn　新浪微博:@北京大学出版社
电子信箱	pup_6@163.com
电　　　话	邮购部 010-62752015　发行部 010-62750672　编辑部 010-62750667
印刷者	北京虎彩文化传播有限公司
经销者	新华书店
	730毫米×1020毫米　16开本　12.25印张　205千字
	2020年2月第1版　2020年2月第1次印刷
定　　　价	58.00元

未经许可，不得以任何方式复制或抄袭本书之部分或全部内容。
版权所有，侵权必究
举报电话：010-62752024　电子信箱：fd@pup.pku.edu.cn
图书如有印装质量问题，请与出版部联系，电话：010-62756370

序　言

　　党的十九大报告指出，"创新是引领发展的第一动力，是建设现代化经济体系的战略支撑"。科技创新是新时代实现我国创新驱动发展的关键。随着我国经济发展进入新时代，经济发展由高速增长阶段转向高质量发展阶段，正处于转变发展方式、优化经济结构、转换增长动力的攻关时期。要顺利完成发展方式转变、经济结构优化升级、增长动力转换，关键就是要实施创新驱动发展战略，根本在于科技创新。国内外的经验，特别是我国改革开放四十多年来的发展经验都表明，加快科技创新，建设创新型国家，一方面必须发挥好市场在资源配置中的决定性作用，另一方面也需要强有力的政策措施作保障，其中财政政策就是促进科技创新的重要政策措施之一，因此，深化促进科技创新的财政政策优化研究就成为学术界的重要使命。

　　本书以经济学基本理论为基础，分析了科技创新过程中，由于科技创新的"公共物品属性""外部性""不确定性"以及科技创新的战略性、高风险性等因素所导致的"市场失灵"现象，论述了政府通过财政政策促进科技创新的必要性和机理机制。该书通过对我国与世界上若干比较典型的创新型国家和地区在支持科技创新的财政政策方面的比较、对我国目前支持科技创新的财政政策的政策效应的检验，以及对中关村国家自主创新示范区支持科技创新的财政政策实践三个方面的深入研究，得出了若干有创新价值的结论。其中有的结论和政策建议具有进一步深入研究的价值。例如本书认为虽然从总体上来看，我国已经初步建立起了推进科技创新的财政政策体系，财政科技投入逐年增加，研究与试验发展（R&D）经费的投入强度不断提高，但是我国支持科技创新的财政政策还具有明显的"赶超"特征，即在财政科技经费投入中，投向基础研究的经费相对较低，而投向应用研究和试验发展的经费相对较多。

　　本书在借鉴国际发展趋势的基础上，以我国的国家创新体系建设与"建立以企业为主体、市场为导向、产学研深度融合的技术创新体系"为参照系，分别从财政科技投入、税收优惠、政府采购、政府风险投资以及支持科技创新的财政政策与其他创新政策之间的激励兼容五个方面，提出了完善与优化我国支持科技创新的财政政策的思路与建议。这些建议很有现实价值，值得有关政策研究部门参考。

本书是李天建博士所承担的国家社科基金一般项目《新时代促进我国科技创新的财政政策体系优化研究》、甘肃省社会科学规划一般项目《双创背景下甘肃省促进小微企业发展的财政政策研究》，以及西北师范大学青年教师科研能力提升项目《西部小微企业发展的财政政策体系构建研究》的阶段性成果，也是从他在中国人民大学公共管理学院攻读博士学位研究生以来，一直从事的研究领域的重要成果。作为天建在中国人民大学攻读博士学位的指导教师，我深知这部专著确实反映了他多年来在这个领域所做出的研究成果，是一部具有较高学术水平的专著。在该书出版之际，我很乐意为其作序，向广大读者推荐此书。也希望天建博士秉承中国人民大学"实事求是"的校训，联系实际、勤于思考、勇于创新，紧密结合甘肃地方经济和财政改革实践，在科技财政投入绩效评价等方面取得更多丰硕的成果。

许光建

中国人民大学公共管理学院

常务副院长，教授、博士生导师

于中国人民大学求是楼

2019 年 1 月 18 日

前　言

科技创新是新时代实现我国创新驱动发展的关键。改革开放以来，随着我国经济体制转型，国内外各类市场主体参与经济建设的积极性被极大地调动起来，有效促进了经济社会的快速发展，2010年我国已成为世界第二大经济体。但是，这一成就却是在"要素投入"为基础的"粗放式"发展模式下取得的，其典型特点表现为："高投入、高消耗、高污染、高速度"与"低产出、低效率、低效益、低科技含量"。这种发展模式在我国工业化初期阶段，为实现经济积累和工业发展做出了巨大的贡献。然而，随着经济社会的发展，这种"粗放式"发展模式的弊端日益凸显。尤其是近年来，伴随着人口红利的消失、资源环境的约束性增强、"中等收入陷阱"风险以及国际经济结构的深度调整和在西方国家再工业化甚嚣尘上的大背景下，迫切需要我国改变传统的经济发展方式。

此外，随着我国经济发展进入新时代，经济发展已由高速增长阶段转向高质量发展阶段，正处于转变发展方式、优化经济结构、转换增长动力的攻关时期。其中，动力转换最为重要，决定了速度变化和结构优化的进程和质量，实现动力转换的关键就是要实施创新驱动发展战略，根本在于科技创新。由此，亟须加强基础性、公益性科技创新供给和能力体系建设，依靠科技创新提高全要素生产率，进而推动经济体系的质量变革、效率变革、动力变革。世界典型发达经济体促进科技创新不断涌现的成功经验表明，加快科技创新一方面需要完善的国家创新体系作保障；另一方面也需要强有力的政策措施作保障，其中财政政策是创新型国家普遍采用的政策措施之一。因此，要激发全社会创业创新的内生动力，增强我国经济的创新力和竞争力，对促进科技创新的财政政策体系优化研究显得尤为重要。

本书以经济学中的"公共物品理论""外部性理论"为立论之基，分析了科技创新过程中，由于科技创新的"公共物品属性""外部性""不确定性"以及科技创新的战略性、高风险性等因素所导致的"市场失灵"现象，论述了政府财政政策干预科技创新的必要性和作用机理。通过我国与世界上典型创新型国家支持科技创新的财政政策的比较，现存支持科技创新的财政政策的政策效应检验以及中关村国家自主创新示范区支持科技创新的财政政策实践三个方面的研究，得出以下结论。

一是从总体上来看，我国已经初步建立起了推进科技创新的财政政策体系，具体表现在：财政科技投入逐年增加，研究与试验发展（R&D）经费的投入强度不断提高；税收优惠政策措施不断推陈出新，并逐步与典型创新型国家接轨；政府采购相关法律法规和规章不断出台，并在具体化、明确化方面持续改善；政府风险投资政策，尤其是股权投资、贷款担保、金融租赁等政策措施也正在逐步完善并发挥作用。但是，也要看到，我国支持科技创新的财政政策带有明显的追赶特征，典型表现是：无论是国家主体，还是企业主体，在财政科技经费投入中，投向基础研究的经费相对较低，而投向应用研究和试验发展的经费相对较多；税收优惠政策措施表现相对较为规范、明确，但是也存在执行不力等问题；政府采购政策在推进科技创新中的政策措施还不完善，表现为政策措施不够具体、透明；政府风险投资政策虽然起步晚，但发展迅速，在推进科技成果转化方面效果明显。

二是我国科技财政政策的综合性不断提升。从近年来我国财政科技投入的领域来看，不仅加强了对研究与试验发展经费的投入力度，而且加大了与科技创新息息相关的人力资源、教育等领域的投入。例如国家近年来持续执行的"千人计划""万人计划"和"鼓励国内高校与世界一流大学和研究机构建立联合实验室"等，就是最好的说明。这一点，与典型创新型国家支持科技创新的财政政策的发展趋势不谋而合。进入21世纪以来，世界上典型创新型国家不仅重视人才引进和联合开发，而且也更加重视对本国创新要素的投资，尤其是加大了对教育领域的投入，以加强本国科技创新人才的培养。

三是从国家创新体系建设的角度来看，我国科技创新各个主体在推进科技创新中的角色定位还不清晰，作用发挥还不充分。主要表现在：政府、科研机构、高等学校、企业以及科研中介等各个主体在科技创新链条中的分工还不清晰，相互之间的合作还不紧密；同时，以企业为主体、市场为导向、产学研深度融合的技术创新体系还没有真正形成，与典型创新型国家还有差距。

最后，本书针对新时代我国经济社会实现可持续发展的现实需求与支持科技创新的财政政策体系之间的矛盾，探讨了新时代我国支持科技创新的财政政策体系优化与完善的空间，并在借鉴国际发展趋势的基础上，以我国的国家创新体系建设与"建立以企业为主体、市场为导向、产学研深度融合的技术创新体系"为参照系，从财政科技投入、税收优惠、政府采购、政府风险投资以及支持科技创新的财政政策与其他创新政策之间的激励兼容五个方面，提供了新时代完善与优化我国支持科技创新的财政政策的思路与建议。

李天建

2018年12月

目　录

第1章　绪论 ⋯⋯⋯⋯⋯⋯⋯⋯⋯⋯⋯⋯⋯⋯⋯⋯⋯⋯⋯⋯⋯⋯⋯⋯⋯⋯ 1

　1.1　研究背景 ⋯⋯⋯⋯⋯⋯⋯⋯⋯⋯⋯⋯⋯⋯⋯⋯⋯⋯⋯⋯⋯⋯⋯⋯ 1

　1.2　研究目的及意义 ⋯⋯⋯⋯⋯⋯⋯⋯⋯⋯⋯⋯⋯⋯⋯⋯⋯⋯⋯⋯⋯ 11

　　　1.2.1　研究目的 ⋯⋯⋯⋯⋯⋯⋯⋯⋯⋯⋯⋯⋯⋯⋯⋯⋯⋯⋯⋯⋯ 11

　　　1.2.2　研究意义 ⋯⋯⋯⋯⋯⋯⋯⋯⋯⋯⋯⋯⋯⋯⋯⋯⋯⋯⋯⋯⋯ 12

　1.3　研究对象及核心概念界定 ⋯⋯⋯⋯⋯⋯⋯⋯⋯⋯⋯⋯⋯⋯⋯⋯⋯ 14

　　　1.3.1　研究对象 ⋯⋯⋯⋯⋯⋯⋯⋯⋯⋯⋯⋯⋯⋯⋯⋯⋯⋯⋯⋯⋯ 14

　　　1.3.2　核心概念界定 ⋯⋯⋯⋯⋯⋯⋯⋯⋯⋯⋯⋯⋯⋯⋯⋯⋯⋯⋯ 15

　1.4　研究逻辑与研究方法 ⋯⋯⋯⋯⋯⋯⋯⋯⋯⋯⋯⋯⋯⋯⋯⋯⋯⋯⋯ 17

　　　1.4.1　研究逻辑 ⋯⋯⋯⋯⋯⋯⋯⋯⋯⋯⋯⋯⋯⋯⋯⋯⋯⋯⋯⋯⋯ 17

　　　1.4.2　研究方法 ⋯⋯⋯⋯⋯⋯⋯⋯⋯⋯⋯⋯⋯⋯⋯⋯⋯⋯⋯⋯⋯ 20

第2章　文献综述与研究设计 ⋯⋯⋯⋯⋯⋯⋯⋯⋯⋯⋯⋯⋯⋯⋯⋯⋯⋯ 21

　2.1　关于创新内涵演化发展的研究 ⋯⋯⋯⋯⋯⋯⋯⋯⋯⋯⋯⋯⋯⋯⋯ 21

　2.2　关于财政政策支持科技创新的原因研究 ⋯⋯⋯⋯⋯⋯⋯⋯⋯⋯⋯ 24

　　　2.2.1　财政政策支持科技创新的理论原因 ⋯⋯⋯⋯⋯⋯⋯⋯⋯⋯ 24

　　　2.2.2　财政政策支持科技创新的现实原因 ⋯⋯⋯⋯⋯⋯⋯⋯⋯⋯ 26

　2.3　关于财政政策激励科技创新的相关研究 ⋯⋯⋯⋯⋯⋯⋯⋯⋯⋯⋯ 29

　　　2.3.1　财政政策激励科技创新的理论研究 ⋯⋯⋯⋯⋯⋯⋯⋯⋯⋯ 29

　　　2.3.2　财政政策激励科技创新的实证研究 ⋯⋯⋯⋯⋯⋯⋯⋯⋯⋯ 32

　2.4　文献评述与研究设计 ⋯⋯⋯⋯⋯⋯⋯⋯⋯⋯⋯⋯⋯⋯⋯⋯⋯⋯⋯ 35

　　　2.4.1　文献评述 ⋯⋯⋯⋯⋯⋯⋯⋯⋯⋯⋯⋯⋯⋯⋯⋯⋯⋯⋯⋯⋯ 35

　　　2.4.2　研究设计 ⋯⋯⋯⋯⋯⋯⋯⋯⋯⋯⋯⋯⋯⋯⋯⋯⋯⋯⋯⋯⋯ 36

第3章　理论分析：财政政策促进科技创新的理论基础与作用机理 ⋯⋯ 38

　3.1　财政政策支撑科技创新的理论依据 ⋯⋯⋯⋯⋯⋯⋯⋯⋯⋯⋯⋯⋯ 38

3.1.1 公共物品供给与财政政策 ………………………………… 38
3.1.2 外部性的矫正与财政政策 ………………………………… 41
3.1.3 科技创新与财政政策支持 ………………………………… 45
3.2 支持科技创新的财政政策及其定位 …………………………… 52
3.2.1 支持科技创新的财政政策 ………………………………… 52
3.2.2 财政政策在科技创新政策中的定位 ……………………… 62
3.3 财政政策促进科技创新的作用机理分析 ……………………… 66
3.3.1 财政支出政策的作用机理分析 …………………………… 66
3.3.2 税收优惠政策的作用机理分析 …………………………… 70
3.4 本章小结 ………………………………………………………… 71

第 4 章 比较分析：新时代促进我国科技创新的财政政策现状分析 …… 73

4.1 我国与典型创新型国家支持科技创新的制度环境比较 ……… 73
4.1.1 我国支持科技创新的制度建设与财政政策内容 ………… 74
4.1.2 创新型国家支持科技创新的制度及财政政策内容 ……… 80
4.1.3 国内外支持科技创新的制度环境及财政政策比较 ……… 83
4.2 我国与典型创新型国家支持科技创新的支出政策比较 ……… 84
4.2.1 财政科技投入状况比较 …………………………………… 84
4.2.2 政府采购政策状况比较 …………………………………… 96
4.2.3 政府风险投资政策状况比较 ……………………………… 102
4.3 我国与典型创新型国家支持科技创新的税收政策比较 ……… 108
4.4 本章小结 ………………………………………………………… 115

第 5 章 实证分析：促进科技创新的财政政策效应分析 ……………… 117

5.1 我国支持科技创新的财政政策总体效应分析 ………………… 117
5.1.1 研究设计 …………………………………………………… 117
5.1.2 模型构建与数据来源 ……………………………………… 119
5.1.3 政策效应分析 ……………………………………………… 123
5.2 我国支持科技创新的税收优惠政策效应分析 ………………… 124
5.2.1 研究设计 …………………………………………………… 124
5.2.2 数据来源与说明 …………………………………………… 125

5.2.3　政策效应分析 ………………………………………… 125

　5.3　本章小结 …………………………………………………………… 126

第6章　案例分析：促进我国科技创新的财政政策 ……………………… 129

　6.1　我国支持科技创新的财政政策总体实践情况 …………………… 129

　　　6.1.1　科技创新投入逐年增加 ……………………………… 129

　　　6.1.2　科技创新取得丰硕成果 ……………………………… 130

　　　6.1.3　科技创新效率稳步提高 ……………………………… 131

　6.2　中关村国家自主创新示范区科技创新总体情况 ………………… 132

　　　6.2.1　企业是科技创新投入的主体 ………………………… 132

　　　6.2.2　科技创新平台建设逐步完善 ………………………… 133

　　　6.2.3　科技创新的产出成果丰硕 …………………………… 135

　6.3　中关村发展各个阶段的支持科技创新的财政政策 ……………… 136

　　　6.3.1　新技术产业开发试验区时期的支持科技创新的财政政策 … 137

　　　6.3.2　中关村科技园区时期的支持科技创新的财政政策 … 139

　　　6.3.3　中关村国家自主创新示范区时期的支持科技创新的财政政策 … 142

　6.4　中关村国家自主创新示范区支持科技创新的财政政策的执行 … 145

　　　6.4.1　中关村的管理体制 …………………………………… 145

　　　6.4.2　北京市对支持科技创新的财政政策的执行 ………… 146

　　　6.4.3　各区县对支持科技创新的财政政策的执行 ………… 147

　6.5　本章小结 …………………………………………………………… 148

第7章　结论与政策建议 …………………………………………………… 150

　7.1　研究结论 …………………………………………………………… 150

　7.2　新时代我国支持科技创新的财政政策优化思路 ………………… 151

　　　7.2.1　新时代我国支持科技创新的财政政策优化空间 …… 151

　　　7.2.2　新时代我国支持科技创新的财政政策优化路径 …… 154

　　　7.2.3　新时代我国支持科技创新的财政政策优化建议 …… 154

　7.3　支持科技创新的财政政策与其他创新政策的兼容思路 ………… 161

　7.4　结语与研究展望 …………………………………………………… 164

　　　7.4.1　研究可能的贡献 ……………………………………… 164

7.4.2　研究的创新与局限 ………………………………………… 165
　　　7.4.3　进一步研究的问题 ………………………………………… 166
附表一 ………………………………………………………………… 171
附表二 ………………………………………………………………… 172
参考文献 ……………………………………………………………… 174
后记 …………………………………………………………………… 185

第1章 绪　　论

1.1　研究背景

科技是国家强盛之基。21世纪以来，全球科技创新呈现新的发展态势和特征，新一轮科技革命和产业变革加速推进。近年来在全球经济放缓的大格局下，科技创新已经成为经济发展的新引擎，代表了国家的核心竞争力。世界主要经济体为提升本国经济的竞争力和实现可持续发展，纷纷制定并出台了促进本国科技创新的战略规划，诸如法国制定了《国家研究与创新战略》(2009)；澳大利亚制定了《驱动创新思想：21世纪创新议程》(2009)；英国制定了《英国研究愿景》(2010)；德国制定了《高科技战略2020》(2010)；欧盟发布了《欧洲2020战略》(2010)与《地平线2020计划》(2014)；日本政府制定了《第四期科学技术基本计划(2011—2015)》(2011)；韩国政府制定了《科技发展长远规划2025年构想》(2000)与《第四期科学技术基本计划(2018—2022)》(2018)；美国政府制定了新版《美国国家创新战略》(2015)等顶层战略规划来推进本国的科技创新。

改革开放后，我国科技创新走过了一条从"市场换技术""资源换技术"到逐步加强自主科技创新的发展路径。经过多年的积累，我国创新发展进入新阶段。创新能力从过去以跟跑为主，进入跟跑、并跑和领跑并存的阶段。在此过程中，党和政府高度重视科学技术事业的发展，制定并出台了一系列规划和政策措施来推进我国的科技创新，有效地促进了科学技术事业的发展，为经济社会的发展提供了强有力的科学技术支撑。尤其是近年来，随着我国经济社会的快速发展，以要素驱动、投资驱动为主的"粗放式"发展模式日益不利于经济社会的可持续发展，以创新驱动为主的"内涵式"发展日益成为理论界和实务界的共识。由此，科技创新的重要性也随之凸显。典型表现为我国政府先后制定了《国家中长期科学和技术发展规划纲要（2006—2020年）》(2006)、《中国制造2025》(2015)、《国家创新驱动发展战略纲要》(2016)、《"十三五"国家科技创新规划》(2016)以及推进落实的配套政策来推进科技创新。此外，党的十八大报告第一次明确提出了要实施创新驱动发展战略，并指出"科技创新是提高社会生产力和综合国力的重要战略支撑，必须摆在国家发展全局的核心位置"。党的十八届五中全会提出了新发展理念，把创新发展作为五大发展理念之首，强调创新是引领发展的第一动力。党的十九大报告更是指出"创新是引领发展的第一动力，是建设现代化经济体系的战略支撑"，并提出要加快建设创新型国家。将科技创新置于如此之高的定位，一方面是对人类社会发展规律正确认识的必然结果，因为人类社会的无数次飞跃无不证明了科学技术是第一生产力；另一方面也是新时代应对我国主要矛盾变化、国情发展变化以及加快形成以科技创新为主要引领和支撑的经济体系和发展模式的必然选择。

1. 从全球经济发展环境来看

全球经济仍处在金融危机引发的大调整、大转型之中，复杂性和不确定性上升，进入了一个相对缓慢的发展和调整时期。

（1）经济复苏乏力。联合国在《2018年世界经济形式与展望》中指出："在2017年，全球经济的平均增长率达3%，这是自2011年以来的最快增长。"这充分表明，后金融危机时期，全球经济仍处于低速增长阶段，且增长动力正在发生转变。从这个角度看，未来几年，全球经济增长将难以恢复到金融危机之前的水平。

（2）外需空间进一步压缩。一方面金融危机后，全球经济发展走向深度再平衡过程，国家主权债务问题日益凸显，发达经济体"低储蓄，高消费"的经济增长模式正处于被动调整阶段，消费方式由"过度消费"转向"量入为出"，消费的"去杠杆化"趋势大大压缩了我国的外需空间。另一方面西方发达经济体纷纷出台措施应对经济下行趋势。典型如美国政府推出了振兴美国制造业法案，并出台了一系列政策，暂停或降低部分原材料关税来降低美国制造业成本，恢复美国经济的竞争力，创造更多就业岗位，以实现美国出口五年内翻一番的目标；特朗普政府更是提出"美国优先"发展理念，相应的政策措施对世界主要经济体造成了一定的冲击，2018年以来美国针对中国的贸易摩擦就是对此最好的诠释。欧洲国家在"欧债危机"的冲击下也充分认识到，对于经济繁荣的欧洲而言，雄厚的工业基础至关重要。因此，不少欧盟成员国提出，要在21世纪实现欧洲的再工业化。而美国和欧盟作为我国出口的主要对象国，在全球经济一体化的大环境下，其经济危机后的调整方向必将使我国以出口为导向的经济发展方式受到一定程度的影响。

(3) 国际经济不景气引发了较为明显的贸易保护主义倾向。目前，我国与他国在国际贸易中的摩擦数量急剧上升，已成为全球遭受反倾销调查数量最多的国家。此外，近年来随着环保和气候变化日益成为国际社会关注的热点，"绿色发展"的理念深入人心，碳关税的普遍采用已成趋势，如果不及时调整产品结构，未来我国出口的商品将遭遇更多的绿色壁垒。可以说国际经济环境的不利变化，更加凸显了我国出口导向型经济发展方式的脆弱性和不可持续性。

2. 从我国经济发展的环境来看

(1) 成就巨大，代价不小。改革开放以来，我国紧紧抓住全球经济一体化发展的战略机遇期，充分依靠我国劳动力、土地、资源等要素所带来的低成本竞争优势，主动承接发达国家或地区的制造业转移，通过生产、出口加工制成品，吸收国际投资的方式来促进我国的经济增长。当前我国的制造业主要集中在加工制造、劳动密集型产品装配等低附加值环节，明显处于全球产业价值链的中低端。这一点，从国家统计局2017年的统计公报可以清晰地看到，我国主要的出口产品为：煤、钢材、纺织纱线、织物及制品、服装及衣着附件、鞋类、家具及其零件、自动数据处理设备及其部件等。主要出口产品明显属于产业链中低端的加工制造品。这一格局是我国长期"粗放式"发展模式的必然结果。此外，近年来在我国环境、能源、资源等领域中呈现出的恶化问题也与此有着莫大的关系，如不能实现发展方式转变，必将会进一步制约我国经济社会的可持续发展。

(2) 内需不振,由"投资拉动"转向"消费拉动"效果不显著。一方面我国经济发展已进入新常态,供给侧结构性改革已成为我国经济改革发展的主线,贯彻新发展理念、转变经济发展方式和结构调整正逐步成为我国经济发展的主旋律,经济发展的动能正由要素驱动、投资驱动向创新驱动转变。2017年,全社会全年的固定资产投资641 238亿元,比上年增长7%。但是从趋势来看,2011—2017年,我国的固定资产投资增速持续下降,由最高时的20.3%下降到2017年的5.7%。另一方面消费率偏低。据世界银行统计数据显示:美、英、德、法、日等典型发达经济体的最终消费支出占国内生产总值(Gross Domestic Product,GDP)的比例平均在80%左右,而发展中国家的这一比例在70%左右。但是,就我国的最终消费占GDP的比例来看,一直低于60%。由此可以看出,我国的消费水平大大低于国际平均水平。对此现象,本书认为可能主要与我国经济社会发展水平与居民资产过多配置在不动产上有关。

另外,我们也不能忽视目前与市场经济体制运行相匹配的社会保障制度、收入分配制度的不完善对我国消费水平提升的影响。从这一角度来看,我国社会保障制度还不完善。近年来,虽然我国的社会保障覆盖范围在不断扩展,广大农村也正逐步被纳入保障范围,但是保障水平低,影响了农村居民的消费水平的提升。另外我国收入分配严重失衡,城乡间、地区间、阶层间、个人间的收入差距持续扩大。据国家统计局测算,2017年我国基尼系数为0.467,依据基尼系数评价参考标准,我国居民收入差距较大,极大地影响着我国居民消费水平的提高。因为经济学理论表明,高收入群体消费倾向较低,低收入群体消费倾向较高,收入分配差距越大,全国性的消费倾向就会越低,消费拉动经济发展就成为一句空话。

(3) 劳动力要素供给格局发生转变,低成本竞争优势正在逐步消失。在新古典经济增长理论框架之下,前提假设是劳动力短缺,如果资本投入超过一定临界点,继续投入只能产生边际报酬递减现象,从而使经济增长不可持续。就此逻辑,实现经济增长的主要任务无疑在于通过科技创新,以全要素生产率的提高来保持经济增长的可持续性,或者打破劳动力短缺的制约因素。但是从我国经济发展的长期趋势来看，支撑我国经济 30 多年快速发展的资源禀赋结构和廉价的要素成本优势正在逐渐消失，而且正日益成为我国经济社会发展的约束，尤其是我国人口结构变化所带来的问题日益突出。

一方面我国劳动年龄人口自 2012 年以来持续下降，截至 2017 年年底，中国内地总人口为 139 008 万人，比上年末增加 737 万人，其中 15~59 岁（含不满 60 周岁）劳动年龄人口 90 199 万人，比上年末减少 548 万人，占总人口的 64.9%，比上年末下降 0.7 个百分点。表明我国劳动年龄人口增长连续 6 年出现负值，劳动年龄人口的总量开始减少，这意味着我国劳动力已经从"无限供给"向"有限供给"转变，"人口红利"优势开始减弱。①

另一方面我国老龄化问题日益凸显。2011 年国家统计局发布的《全国第六次人口普查报告》表明："中国内地总人口数为 13.4 亿人，其中 60 岁及以上人口数为 177 648 705 人，占总人口数的比例为 13.26%，与我国第五次人口普查结果相比，60 岁及以上人口的比重上升 2.93 个百分点。"2017 年年底，我国 60 周岁及以上人口数已上升为 24 090 万人，占总人口的比例已经提升至 17.3%，老龄化趋势日益明显。1982 年以来我国人口结构变化情况，如图 1-1 所示。

此外，我国"人口红利"正在逐步消失，劳动力成本上升的压力正逐步加大。从图 1-2 可以看出，自 1982 年以来，我国老年人口抚养比逐年上升，但是，在 2005 年之前上升不太明显，少儿抚养比大幅度下降，总抚养比持续下降，这使我国在此阶段凭借"人口红利"在国际竞争中可以充分利用低成本优势，以出口为导向加快经济发展。从 2012 年统计公报来看，2012 年始，我国的劳动年龄人口已经出现负增长，表明我国"人口红利"期即将结束，"刘易斯拐点"正在到来。同时，这也意味着我国经济发展面临着劳动力成本不断上升的压力，劳动生产率的提升将日益成为我国经济社会

---

① 我国著名经济学家厉以宁认为，我国"人口红利"并没有消失，劳动人口数量虽然下降了，但是劳动者的受文化程度、素质、能力提升了。

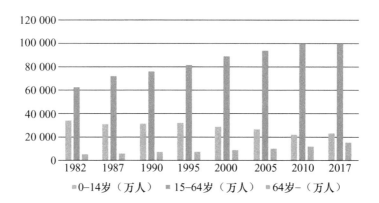

图 1-1　1982 年以来我国人口结构变化情况

数据来源：《中国统计年鉴》。

持续发展的关键，相应的，科技创新在支撑经济社会发展中的作用也日益凸显。

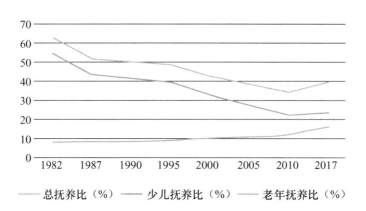

图 1-2　1982 年以来我国人口抚养比变化情况

数据来源：《中国统计年鉴》。

(4) 从经济发展的阶段特征来看，面临"中等收入陷阱"的风险。2007年世界银行在其发表的题为《东亚复兴：关于经济增长的观点》的报告中指出："东亚中等收入国家由于缺乏规模经济，不得不努力保持其前所未有的高增长率，然而以要素集聚为特点的发展战略可能导致持续恶化的后果，随着资本边际生产率的下降，这一后果的产生是必然的，拉丁美洲和中东的中等收入国家在长达几十年的发展中,一直无法走出中等收入陷阱。"世界银行(Word Bank)在其2010年发表的题为《有力的增长和不断增加的风险》的报告中指出:"十多年来,拉美和中东的中等收入经济体深陷中等收入陷阱,在工资成本上升的情况下,这些经济体努力通过提高产量、降低成本来维持其竞争力,但是,由于无法提升其本身在价值链中的位置,因此,也无法进入高速增长的以知识和创新为基础的产品和服务市场。"Paus(2012)认为:缺乏升级为知识密集型产品是中等收入陷阱的核心。世界银行把低收入国家和中等收入国家统称为发展中国家,高收入国家称为发达国家,World Bank(2007)[1] 指出了东亚国家跳出"中等收入陷阱",实现经济可持续发展的三条建议:一是随着国家在制造业和就业上越来越专业化,多元化将会放缓甚至逆转;二是投资的重要性将会下降,创新应该加速;三是教育系统将转向利用技术去武装工人,允许他们使用新的技术去形成新产品和改良程序。World Bank(2010)[2] 进一步指出创新而不是其他因素是中等收入国家跳出"中等收入陷阱"的关键因素。而日本、韩国等经济体则成功实现由中等收入国家跨入高收入国家行列,一个重要经验是将创新作为经济增长的重要支撑。

就我国的经济发展状况而言,据国家统计局2017年发布的公告来看,截至2017年年底,GDP达到827 122亿元,全年人均GDP为59 660元,以美元计2017年我国全年人均GDP为8836美元。以世界银行对世界经济发展水平"2008年分组标准[3]"来看,我国已进入上中等收入国家行列。但是,在看到成绩的同时,我们也清晰地认识到,我国的产业层次低、发展不平衡和资源环境刚性约束增强等矛盾仍然突出,正处于跨越"中等收入陷阱"的紧要关头,在"前有堵截、后有追兵"[4] 的现实困境中,在科技创新方面不能实

---

[1] World Bank:《An East Asian Renaissance:Ideas For Economic Growth(2007)》,Working Paper,p18.
[2] World Bank:《East Asia and Pacific Economic Upadate 2010:Robust Recovery,Rising Risks》,Working Paper,p32.
[3] 2008年世界银行的分组标准:人均国民收入(GNI)小于976美元为低收入国家;在976~11906美元之间属于中等收入国家,其中,在976~3855美元之间为下中等收入国家,介于3856~11905美元之间为上中等收入国家;超过11906美元为高收入国家。
[4] 发达经济体对我国的高新技术的出口封锁,东南亚国家相对于我国的低成本的竞争优势。

现突破的情况下，产业有可能被长期锁定在全球价值链的中低端，面临着跌入"中等收入陷阱"的风险。同时，我国的创新能力与世界主要发达经济体仍有不小的差距，主要表现在原始创新能力不足，关键核心技术存在短板，激励创新的体制机制不健全，创新环境尚不能适应创新驱动发展的需要，创新的质量和效率还有待进一步提高等。

综上所述，可以看出在后金融危机时期，不论从面对竞争日趋激烈且不确定的国际经济环境来看，还是从我国经济社会可持续发展的现实困境来看；亦不论从推进创新驱动发展战略来看，还是从"转方式、调结构、促升级"的成功实现来看；更无论是从跨越中等收入陷阱、提高我国的国际竞争力来看，焦点都无一不集中在我们能不能实现科技创新，通过科技创新实现劳动生产率和经济竞争力的提升，使产业发展努力从"微笑曲线[①]"的谷底向价值链的两端转移，占据全球经济发展价值链的高端，进而提升国家的综合国力。

对于如何推进科技创新，我们发现，世界上创新型国家不仅有运转良好的国家创新体系，而且有完善的推进科技创新的国家战略以及相应的政策措施。但是，就近年来世界上创新型国家推进科技创新战略而言，创新生态系统的构建、政策的支持、专业化教育的投入无疑是重点，其中，财政政策是实现这一切目的的关键环节。从已发布的文件看，一个典型的现象是世界主要经济体纷纷加大了运用财政政策来推进本国科技创新的力度。主要表现为世界上科技创新能力较强国家的研究与试验发展（Research and Development，R&D）经费投入不仅逐年增加，而且财政投入强度（财政投入占GDP的比例）基本稳定在2%以上，日本和韩国甚至超过了3%（见表1-1），其中，日本在《第五期科学技术基本计划（2016—2020）》中指出，日本政府未来5年将确保研发投资规模，力求全社会研发支出总额占GDP的比例达到

[①] 微笑曲线：最早是由台湾宏碁集团（ACER）董事长施振荣先生提出的，最初是用来描述个人计算机制造流程中各环节的附加价值的变化，左边是研发（价值链的上游），随着研发的投入，产品附加值不断提高；右边是销售（价值链下游），通过品牌运作，销售渠道的建立，附加值逐步上升；中间是产品的制造，由于劳动密集、技术水平低下，竞争激烈而导致附加值低，因此，经济产业发展应该向价值链高的两边衍生。

4%以上,其中政府研发投资占GDP的比例达到1%。美国政府在2011年发布的《美国创新战略:确保国内经济增长与繁荣》中提出使美国政府的R&D经费投入占GDP的比例达到3%,并对研究和试验税收永久性减免等措施。2015年10月美国奥巴马政府再次发布新版《美国国家创新战略》(简称《战略》),新版《战略》沿袭了2011年提出的维持美国创新生态系统的政策,首次公布了维持创新生态系统的六个关键要素。在新版《战略》中还多次提到构建美国创新生态系统这一核心概念,把创新生态系统看作实现全民创新和提升国家竞争力的关键所在。《战略》明确指出,要加大对基础创新领域的投资,提升美国创新能力,主要投资领域涵盖:基础研究;建设高质量的科学、技术、工程、数学教育;争取优秀人才移民;现代化科研基础设施;先进信息通信技术的研发应用等方面。

表1-1 发达国家R&D经费占国内生产总值的比例

单位:(%)

国家	2010	2011	2012	2013	2014	2015	2016
美国	2.74	2.77	2.69	2.73	2.73	2.74	2.79
日本	3.14	3.25	3.21	3.32	3.40	3.28	3.29
德国	2.71	2.80	2.87	2.82	2.87	2.92	2.93
韩国	3.47	3.74	4.03	4.15	4.29	4.22	4.23
英国	1.67	1.68	1.60	1.65	1.67	1.67	1.70
法国	2.18	2.19	2.23	2.24	2.28	2.27	2.22

数据来源:OECD library.

为促进科技创新,我国陆续制定并出台了《国家中长期科学和技术发展规划纲要(2006—2020年)》(2006)、《中国制造2025》(2015)、《国家创新驱动发展战略》(2016)、《"十三五"国家科技创新规划》(2016)及其配套政策措施。《国家中长期科学和技术发展规划纲要(2006—2020年)》就推进科技创新的实现制定了10个方面共计60条具体政策措施,其中涉及的财政政策占十分之三，包括财政科技投入、税收优惠以及政府采购，并明确规定了详细的政策措施。同时，也发现近年来随着经济社会的快速发展，我国的R&D经费投入逐年增加，强度也逐年提高，截至2017年年底，我国R&D经费投入占GDP的比例从2003年的1.13%提高到2017年的2.13%，如图1-3所示。

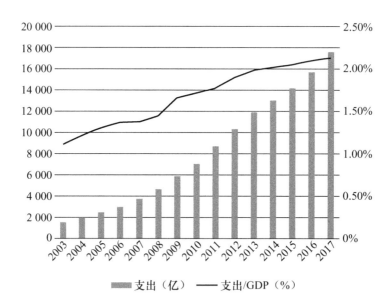

图1-3　2003—2017年我国R&D经费投入及占GDP的比例

数据来源：国家统计局科技年度数据（2017）。

同时，截至2016年年底，我国研发投入强度已超过欧盟28国平均1.96%的水平，达到中等发达国家R&D经费投入强度水平，但与部分发达国家2.5%~4%的水平相比还有差距，如图1-4所示。

因此，深入研究新时代促进我国科技创新的财政政策，不仅有利于推进我国科技创新，实现我国经济发展中的"转方式、调结构、促升级"以及创新驱动发展战略，而且可以进一步优化我国推进科技创新的财政政策措施，不断提高推进科技创新的财政政策效率，使其能够更好地支撑起"以企业为主体、市场为导向、产学研深度融合的技术创新体系"，进一步促进我国的科技创新与经济发展。

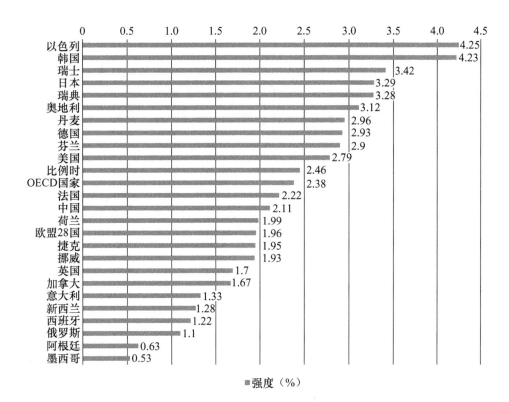

图1-4 2016年世界主要国家R&D经费投入强度比较

1.2 研究目的及意义

1.2.1 研究目的

改革开放40余年来，在长期"粗放式"发展模式的支撑下，虽然我国的经济社会发展取得的成就巨大，但是这种发展模式也产生了一系列不良后果，如近年来的环境污染、资源浪费、劳动力成本上升等问题日益突出，并逐步成为我国经济社会发展的"瓶颈"和"硬约束"。因此，要实现可持续发展，"转方式、调结构、促升级"以及走"内生增长"之路就自然成为我国经济社会实现可持续发展的必然选择，而科技创新作为"内生增长"的主要动力之源，此时就显得格外重要。

但是，就如何更好、更快地推进科技创新，世界上典型发达经济体成功的经验表明：一方面需要完善的国家创新体系，完善的制度体系作保障；另一方面也需要强有力的政策措施来推进科技创新，其中财政政策是世界上典型创新型国家普遍采用的政策措施之一。对此，我国也有相关的推进科技创新的财政政策措施，然而这些政策措施是否有效地发挥了作用，推进并加速了我国的科技创新；政策措施是否适应新时代我国经济社会发展的现实需求；与典型创新型国家支持科技创新的财政政策之间有何异同，发展趋势或方向是什么；政策效果如何，还存在哪些短板，从国家创新体系建设的视角来看还存在什么问题等，是本书研究所要探索或解决的问题。在此基础上，就建立起与我国转型经济的现实需求相适应、与国家创新体系内各创新主体的需求相匹配以及与"以企业为主体、市场为导向、产学研深度融合的技术创新体系"相互支持与合作的，支持科技创新的财政政策体系提供完善思路。

1.2.2 研究意义

党的十九大报告指出要建设现代化经济体系。从这一体系的内涵来看，主要体现在经济发展方式从数量型向质量型发展转变，从速度型向效率型发展转变；经济增长动力从依靠要素投入转向依靠全要素生产率提升。因为在全球经济一体化的大背景下，我国经济发展已进入新时代，国内主要矛盾已由"人民群众日益增长的物质文化需要同落后的社会生产力之间的矛盾"转变为"人民日益增长的美好生活需要和不平衡不充分的发展之间的矛盾"，经济已由高速增长阶段转向高质量发展阶段。而增长阶段转换，并不仅仅是增长速度的改变，更重要的是增长动力和发展方式的实质性转变。要实现这一转变，以科技创新为支撑的新旧动能转换自然成为我国实现经济社会可持续发展的战略选择。因此，深入探讨我国支持科技创新的财政政策问题具有重要的理论意义和实践价值。

1. 理论意义

首先，通过对促进支持科技创新的财政政策的研究，进一步理顺推进科技创新实现的科学政策、技术政策、创新政策之间的联系和区别，对贯穿于三种政策之中的财政政策在科技创新中的作用进行深度定位，并在对政府财政政策介入科技创新的原因以及具体的政策工具进行研究的基础之上，深入探讨不同的财政政策工具在促进科技创新不同阶段中的作用及效果，实质上是对财政政策促进创新实现机理的进一步完善和补充。

其次，通过与典型创新型国家支持科技创新的财政政策的比较，一方面可以探索目前世界上支持科技创新的财政政策的发展趋势和方向，为我国支持科技创新的财政政策的改革、完善、优化提供参考和借鉴；另一方面可以进一步明晰目前我国支持科技创新的财政政策存在的短板与问题，有利于我们针对新时代经济社会发展的现实需求、国家创新体系建设以及"以企业为主体、市场为导向、产学研深度融合的技术创新体系"建设的现状，制定出新时代我国推进科技创新的财政政策的完善的"路线图"。

最后，从世界各国支持科技创新的财政政策实践来看，推进科技创新的财政政策工具主要有财政科技投入、税收优惠、政府采购以及风险投资等。它们的实施是否能够有效促进科技创新，效果如何，政府的意图能否实现，对科技创新主体是否有明显的激励作用，本书通过对以上政策措施的实证分析以及对中关村国家自主创新示范区相关政策实践情况的分析，进一步拓展对其政策效果的研究，对新时代我国制定出创新导向性的财政政策具有重要的理论支撑意义。

2. 实践价值

当今世界，科技创新已经成为提高综合国力的关键支撑、社会生产方式和社会生活方式变革进步的强大引领。因此，新时代推进科技创新不仅有利于提高我国的国际竞争力，提升我国产品在国际分工价值链上的位置，使得我国能够分享较大的国际市场份额，而且有利于我国经济发展方式转变和结构调整，解决我国经济发展中资源与环境的"瓶颈"问题，实现我国经济社会的可持续发展。基于此，对新时代促进我国科技创新的财政政策体系研究，无疑具有重大的实践价值。

此外，党的十九大报告中提出创新是引领发展的第一动力，而作为创新驱动发展的重要支撑因素——科技创新，就自然而然地成了各种政策作用的关键点。财政政策是所有政策措施当中，能够支撑科学政策、技术政策以及创新政策的重要政策措施。因此，对创新驱动战略下促进科技创新的财政政策的研究无疑具有重大的现实意义，不仅有利于我国制定出具有针对性的、加快推进科技创新的财政政策，实现财政政策与科技创新目标之间的协调与匹配，推进我国的科技创新；而且也可以以国家创新体系建设为参照系，为进一步完善和优化我国支持科技创新的财政政策体系提供指导。

1.3 研究对象及核心概念界定

1.3.1 研究对象

本书以创新驱动战略下促进我国科技创新的财政政策体系为研究对象。本书以我国进入新时代这一全新的历史阶段为起点，以建设现代化经济体系为依托，围绕我国主要矛盾变化，以实现经济发展中的质量变革、动力变革、效率变革和提高全要素生产率为目的，从国家创新体系的视角出发，以财政政策解决科技创新活动中市场失灵的同时，更加关注财政政策对创新活动主体和创新活动本身的激励，主要研究科学政策、技术政策以及创新政策中的财政政策，如科技投入、税收激励、政府采购以及政府风险投资等政策措施在科技创新各阶段的作用及效果。此外，现行的促进科技创新的财政政策与其他促进科技创新的相关配套政策之间在激励机制上是否协调、如何优化等问题也是本书研究的重点。

本书内容涉及科技创新过程中的科学研究，以及以此为基础的创新产品市场价值实现过程中财政政策工具在各个创新阶段的作用及效果，范围涵盖国家创新体系建设的三个层面和四大创新主体在实现科技创新中的财政支持政策。具体探讨以下四个方面的内容：①财政政策在科技创新中的定位是什么，如何发挥作用；国家创新体系中的政府、科研院所、高等学校、企业以及科研中介应各自在哪些领域、哪一层次发挥作用，是否实现了财政资源配置效率的最大化；②目前我国促进科技创新的财政政策的现实状况如何，与世界上典型创新型国家的支持科技创新的财政政策之间有哪些异同，发展趋势是什么；③目前我国已经出台了许多支持科技创新的财政政策措施，其政策效应如何，哪一种政策效果更明显；④现行的针对科技创新的财政政策是否能够有效地促进科技创新，是否存在资源错配问题，体制机制以及相关的配套政策之间是否协调，是否有效地发挥了应有的作用。

1.3.2 核心概念界定

1. 关于科技创新的界定

从科技创新这一概念本身来看，科技创新包含"科学""技术"和"创新"这三层内容，属于不同领域。科学的目的是产生新认识和理解；技术是改造世界的方法、手段和过程，表现为科学知识基础上的技术发明和持续升级；创新是把生产要素和生产条件的"新组合"引入生产体系，把知识（包括科学与技术）进行转化，形成新产品，开拓新市场，培育新业态、新产业的过程。可以说，科学、技术与创新分别由不同的行为主体依不同的目的而完成。在西方经济学的语境中，并没有科技创新一词。从已有的文献研究来看，我国学者所言的科技创新实质上就是西方经济学中的创新一词，特指熊彼特五种创新模式中的前面两种创新，即新产品的诞生和新工艺的应用（Schumpete，2009）。其实质是将科研成果推广应用到产、供、销等各个领域，不断开拓新的市场领域，最终目标是实现科学发现在经济上的价值。科尔奈（2013）关于创新的解释是对此概念较好的印证，他认为创新有两个层面：第一个层面是制造出革命性的新产品；第二个层面是追随者对这些革命性产品进行改造，并将它们推广开来。

从我国创新内涵的发展演变来看，一方面科技创新是技术创新概念的进一步延伸，解决了技术创新不能解释的自身所涉及的知识增长和科学发现在促进经济社会发展中的作用。从线性逻辑顺序来看，科技创新就是一个从基础研究、应用研究、实验开发到成果商业化的全过程。另一方面科技创新的实质是随着我国经济发展，科学技术转化为现实生产力速度的加快，甚至是同步转化的情况下，创新内涵与外延不断向前端延伸的结果，是创新主体中的政府、科研机构、高等学校、科研中介机构以及企业等创新主体深度结合的体现，从某种意义上来讲，就是强调在当今世界经济发展中，科学技术在促进经济社会可持续发展、提升国家竞争力中所发挥的基础性作用。

从科技创新的范畴来讲，科技创新是科学技术活动的创新。联合国教育、科学及文化组织（United Nations Educational, Scientific and Cultural Organization, UNESCO）把科学技术活动分为三类：一是研发，包括"基础研究①""应用研究②"以及"试验与发展③"；二是科技教育与培训；三是科技服务，主要包括科技信息服务、科技咨询服务、科技传播服务等（聂颖，2013）。从我国学者的研究和官方的统计指标来看，我国的科技创新主要包括基础研究、应用研究、试验与发展以及科技服务等活动中的一切创新活动，目的是适应市场需求新产品的产生和新工艺的应用。可以说，科技创新范畴不仅涵盖以新知识产生为基础的科学研究，而且是一个包括科学研究逐步转化为新产品、新工艺的过程，最终实现科技创新的市场价值。

基于此，本书认为，后工业化社会向知识经济时代转化过程中技术创新特性已发生改变，科学、技术与创新的融合发展已成为一种趋势，科技创新是随着经济社会发展，科学知识和科学发现转化为现实生产力的速度不断加快，甚至是在同步转化的情况下，创新概念的进一步延伸，其实质仍然是科学知识的产生到创新产品最终市场化价值的实现，是从基础研究、应用研究、产品开发到成果转化和市场开拓的全过程，不仅仅是科技概念，更重要的是一个经济概念。

---

① 基础研究：指为了获得关于现象和可观察事实的基本原理的新知识（揭示客观事物的本质、运动规律，获得新发展、新学说）而进行的实验性或理论性研究，它不以任何专门或特定的应用或使用为目的。
② 应用研究：指为了确定基础研究成果可能的用途，或是为达到预定的目标探索应采取的新方法（原理性）或新途径而进行的创造性研究。应用研究主要针对某一特定的目的或目标。
③ 试验与发展：指利用从基础研究、应用研究和实际经验所获得的现有知识，为产生新的产品、材料和装置，建立新的工艺、系统和服务，以及对已产生和建立的上述各项作实质性的改进而进行的系统性工作。

2. 关于支持科技创新的财政政策界定

财政政策是指国家或地区为实现一定的经济社会发展目标，而采取的各种财政手段和措施，主要包括支出政策和收入政策。其中支出政策又可分为财政直接支出与购买性支出，收入政策主要是指与税收有关的政策措施。

就支持科技创新的财政政策而言，主要是指目前国内外广泛应用的、支持科技创新的财政政策措施的总和。从大的方面来讲，主要包括财政科技投入、税收优惠、政府采购以及风险投资等政策措施。具体来说，主要政策工具有：财政科技拨款、财政补贴、政府采购、政府风险投资、税收减免、加速折旧、投资抵免、科技创新产品和设备的进出口税收优惠、延期纳税、即征即退、先征后返等。

1.4 研究逻辑与研究方法

1.4.1 研究逻辑

在对本书的研究背景阐述的同时，针对研究的主题进行相关的文献综述，进而提出研究的问题与目的。随之依据新时代我国经济社会发展的现实需求、国家创新体系建设以及科技创新工作的规律，结合财政政策工具的特点，确定本研究的逻辑思路如下。

一是新时代加快推进我国的科技创新是本研究关注的核心问题。基于此，先从理论的角度解释财政政策支持科技创新的必要性、定位、激励机理，成为本研究的逻辑起点。因此，在展开具体研究之前，先对财政政策存在的逻辑起因，即公共物品、外部性、信息不完善等问题进行论述；随即针对科技创新的特点，提出财政政策支持科技创新的理论依据；其后就财政政策在诸种创新政策中的定位进行说明；最后对财政政策促进科技创新的激励机理进行重点分析，以明确各种政策工具的使用范围、阶段及侧重点。

二是在理论分析之后，需要结合新时代我国主要矛盾变化、现代化经济体系建设以及经济发展中的现实需要，对激励科技创新财政政策的情况进行深度分析，以探寻目前我国支持科技创新的财政政策中存在的短板和问题。首先，对我国现阶段支持科技创新的财政政策进行分析。需要说明的是，现状分析需要参照系。基于此，本书拟从国际比较的视域来认识我国支持科技创新的财政政策现状。其次，在对目前我国科技创新的财政政策现状有所认识以后，也需要对相关政策工具的效应进行评估，也就是探讨财政科技投入、税收优惠、政府采购以及政府风险投资政策在推进科技创新中的政策效果是否显著。评估主要应用计量经济学的方法，不仅对政策效果进行分析，还要对各种政策的短期效应与长期效应进行分析，进而对政策发展趋势作出判断。最后，为了进一步认识我国支持科技创新的财政政策效应，还需要对我国支持科技创新的财政政策实践效应进行分析。对此本研究选取中关村国家自主创新示范区为研究的对象，一方面对科技创新相关的财政政策执行效果进行评估；另一方面由于中关村国家自主创新示范区作为各种创新政策措施实施的"特区"，从建立至今，已经有许多成熟的支持科技创新的财政政策措施，有的已经推广，有的还没有推广，对没有推广但成熟的经验做法也需要进一步进行论证，以实现支持科技创新的财政政策的不断创新。

三是依据研究结论，结合新时代我国经济社会发展的特点与现实需求，提出完善我国科技创新的财政政策的建议。虽说提出建议不是学术研究的必然，但却是任何一项研究的自然逻辑延伸，甚至可以作为验证学术研究结果与真实世界相吻合的基本标准。因此，针对新时代我国经济社会发展的现实需求，国家创新体系建设以及"以企业为主体、市场为导向、产学研深度融合的技术创新体系"为参照系，提出完善我国科技创新的财政政策建议。

逻辑框架如图1-5所示。

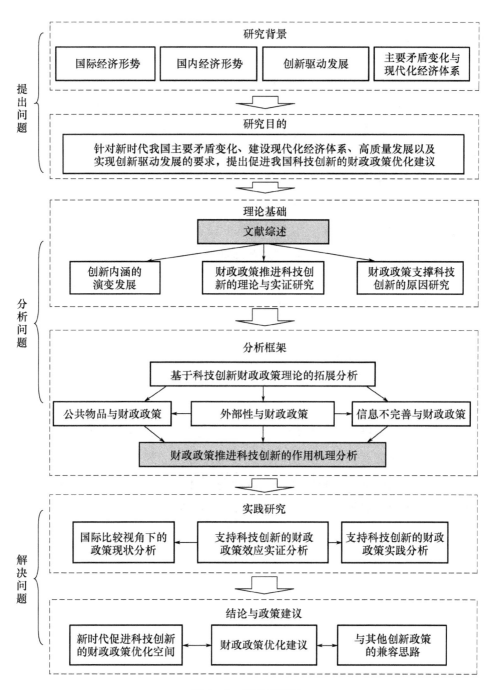

图 1-5 逻辑框架图

1.4.2 研究方法

（1）比较研究。他山之石、可以攻玉，本书通过对相似问题的国际比较，尤其是与典型创新型国家针对科技创新的相关制度、政策以及在相似发展水平上所采取的财政政策措施的比较，有助于进一步厘清我国支持科技创新的财政政策中存在的短板、问题与发展趋势，为新时代我国建立完善的、与转型经济现实需求相适应的、推进科技创新的财政政策提供借鉴。

（2）实证研究。激励科技创新的财政政策包括财政科技投入、税收优惠、政府采购以及政府风险投资。本书针对以上四项政策措施，应用Stata11.0软件先进行政策综合效应回归分析，对各项政策在促进科技创新中的总体效应进行判断；此外，由于企业是技术创新的主体，所以，对企业的税收优惠政策在促进科技创新中的作用也需要探讨，同样采用Stata11.0软件，对企业所得税、营业税以及增值税与R&D经费投入之间的关系进行探讨，进一步厘清各项政策在推进科技创新中的作用。

（3）案例研究。理论论证、比较研究以及实证研究仅仅是对问题在限定条件下的探讨，具体政策的实施效果只有在实践中才能有所体现。基于此，本书选取中关村国家自主创新示范区为研究对象，对其相关财政政策支撑科技创新中取得的成就、政策演变以及执行情况进行研究，进而找出中关村国家自主创新示范区支持科技创新的财政政策有什么特点，目前还存在什么问题以及进一步的发展趋势是什么，为本书的对策研究提供具体的建议。

第 2 章　文献综述与研究设计

运用财政政策支持科技创新可以说既是一个旧的话题，又是一个新的研究主题。近年来，随着我国经济社会的快速发展，传统发展模式支撑我国经济发展的动力不足或不可持续性问题日益加剧，"转方式、调结构、促升级"正日益成为经济社会发展的主题。此外，党的十八大明确提出要实行创新驱动发展战略，并指出科技创新是重要战略支撑。基于此，学术界和实务界针对支持科技创新的财政政策做了大量的相关研究。

以下按照本研究的逻辑思路，就创新内涵的演变发展、财政政策支持科技创新的缘由以及财政政策措施促进科技创新的效果三个方面进行文献梳理，以进一步明确本研究的价值，同时为本研究构建新的理论分析框架。

2.1　关于创新内涵演化发展的研究

国内外关于创新理论的研究，缘起于熊彼特《经济发展理论》一书中提出的创新一词。在该书中他认为现代经济发展源于创新，认为创新就是建立一种新的生产函数，实现生产要素的一种新组合，包括五种类型：①新产品的产生；②新的生产方法或新工艺的应用；③开辟一个新的市场；④开辟或者控制原材料的供应来源；⑤产生一种新的工业组织形式。从中可以看出，其关于创新概念的内涵十分丰富，但是，与技术相关联的前两种类型的创新是熊彼特创新概念的主要内容，也是经济学关注的焦点。Solo（1951）进一步提出了创新成立的两个要件，即新思想来源及其后续阶段关于新思想的实现。Fagerberg（2009）认为创新是首次将关于新产品和新工艺的想法付诸实施，同时，发明和创新是紧密联系的，难以对二者进行明确区分，但在多数情况下，二者之间有着明显的时间差，而且发明和创新是一个持续的过程。

伴随着科学技术的不断发展,创新的范围和层次也不断扩张延伸。Enos (1962) 是第一个给"技术创新"下定义的学者,他认为:"技术创新是几种行为综合的结果,这些行为包括发明的选择、资本投入保证、组织建立、制订计划、招用工人和开辟市场等。"随后,越来越多的国内外学者对技术创新从不同角度进行了研究。Lynn 认为技术创新是在对技术本身的商业潜力认知基础上将其产业化、商品化的全过程。Mansfield (1985) 认为技术创新是一个始于企业对新产品的设想,终于新产品的销售和交货的一系列探索性活动。Freeman (1992) 则将技术创新定义为与新产品、新工艺、新设备的第一次商业化应用相关的技术、设计、制造、管理等一系列活动。Mueser (1985) 认为技术创新是一个将新颖的构思成功实现商业化为特征的、有意义的非连续性事件。世界经济合作与发展组织(Organization for Economic Co-operation and Development, OECD)(1992) 认为技术创新涵盖新产品与新工艺以及新产品与新工艺上所发生的显著改变,是包括科学、技术组织、金融以及商业化的一系列活动。

在我国的官方文件《中共中央 国务院关于加强技术创新,发展高科技,实现产业化的决定》中,则将技术创新定义为企业运用创新的知识、新技术、新工艺以及采用新的生产方式与经营管理模式,提高产品质量,并开发生产新产品、提供新服务,占领市场并实现市场价值的全过程。另外,我国学者俞忠钰(1990) 认为技术创新是科技与经济的结合,主要表现在以技术为手段来满足需求和促进经济的发展,是一个科技与经济相互促进和转化的过程。其中既包含对相关技术的获取,也包含着相关技术的扩散、转移和渗透,以及市场的开拓和售后的改进与完善。傅家骥(1998) 认为技术创新是企业抓住潜在的盈利机会,以盈利为目的,重新组织企业的生产要素,以便建立起效率高、成本低的经营管理系统,进而推出新产品、应用新工艺并占领市场,是一个涵盖科技、组织、商业以及金融等要素的一系列活动的综合过程。此外,近年来我国学术界关于技术创新研究也日益深入,张培刚、柳卸林、贾蔚文、许庆瑞等学者也从不同的角度对技术创新进行了界定,但是,几乎都认为技术创新是一个新技术的产生直至商业化并实现市场价值的过程(杨东奇，2000)。

从以上国内外学者关于技术创新概念的阐述来看，至少在学术界还没有形成一个统一的概念。但是，我们也看到，虽然中外学者表述各异，但是基本都阐述了如下思想：一是技术创新不仅是一个经济学概念，而且体现的是科学技术与经济的深度结合；二是技术创新是一个线性链条，缘起于科学发现，终于创新产品市场价值的实现；三是技术创新的多要素参与决定了其跨越多组织分工合作的特点。

需要说明的是，随着世界经济的快速发展，科学技术转化为现实生产力的速度不断加快，甚至是在同步转化的背景下，创新概念也相应地发生变化，并不断向前端延伸。20 世纪 80 年代以来，随着全球经济的快速发展，一个突出的特点是科技与经济发展深入融合，科学知识和发现转化为现实生产力的速度不断加快，科技创新在经济发展中的地位日益凸显，并日益成为国家竞争力的核心要素。对此，映射在学术研究上，主要表现为由 Romer (1986)、Lucas (1988) 所创立的"内生经济增长"理论，不再仅仅强调劳动、资本、土地等生产要素在经济增长中的作用，首次将技术创新、人力资本积累以及企业家行为等因素引入经济增长的分析模型。随后，越来越多的国内外经济学家开始关注和分析技术创新、人力资本积累在经济增长中的贡献。而在经济实践当中，20 世纪末期以来，世界上的创新型国家纷纷制定并出台了推进本国科技创新的战略和计划，并不约而同地加大了政府对科技创新的支持力度。

在我国，部分学者对科技创新的内涵也进行了探讨，基本上都认同科技创新是随着经济发展和科技成果转化为生产力日益加快的背景下，技术创新的进一步深化。诸如梁兴英 (1998) 认为科技创新是科研创新和技术创新的统称；刘诗白 (2001) 认为科技创新就是科技知识的创新、生产的物质技术条件的创新以及人力素质和劳动技能的创新；李文明等 (2006) 认为科技创新是竞争于特定市场中的不同类型企业在充分整合企业研发力量与外部金融机构、政府部门、中介组织、大学科研院所的支持力量后，不断运用新的科研成果与知识，采用新技术，使用新工艺，占有新资源，生产新产品，提供新服务以及开拓新市场的系统运作过程；洪银兴（2010）认为科技创新包含技术创新和知识创新，包括三个环节：上游是知识创新环节、中游是创新的知识孵化为新技术的环节、下游是采用新技术的环节。

从以上创新概念的演化发展历程来看，创新的概念是随着经济社会的发展，科学知识转化为现实生产力的速度加快而不断发展变化的。尤其是20世纪八九十年代以来，随着知识经济的兴起，科学发现、发明转化为现实生产力的速度不断加快，甚至是同步转化的情况下，创新对经济社会发展的贡献也越来越大，随之，创新概念的内涵和外延也不断延伸与拓展。基于此，本研究认为：科技创新是创新概念进一步延伸的结果，从线性过程看，科技创新就是从基础研究到应用研究、试验开发、研究开发成果的商业化以及市场价值实现的全过程，其实质仍然在于科学知识与发现的经济价值实现。与技术创新所不同的是，科技创新解决了技术创新不能解释的由于自身所涉及的知识增长和科学发展等对经济社会发展的推动作用，更加强调科学发现、知识创造等对经济社会发展的重要性。

2.2 关于财政政策支持科技创新的原因研究

2.2.1 财政政策支持科技创新的理论原因

目前，学术界关于财政政策支持科技创新的理论原因研究，认为主要的理论依据在于："科技创新的公共物品属性""创新活动的外部性""创新本身所具有的高风险性""国家发展战略需要"以及"发展中国家追赶型经济发展的需求"等几个方面，具体观点如下。

(1) 科技创新过程存在市场失灵。Nelson（1959）认为："知识产品具有公共产品的性质。"Arrow（1962）认为："技术创新过程中创新收益的非独占性、创新过程的不可分割性和不确定性以及技术创新产品的公共产品属性、创新收益的独占问题和外部性的存在，使技术创新中存在市场失灵，如果完全让市场资金来支持R&D活动，私人在这方面的投入就会低于经济和社会所需的水准。"Stiglitz（1998）认为："当创新存在时，市场机制往往不能自动地确保激励竞争或较快速度的研究开发。"也就是说，在激励创新方面市场是失灵的。同时他还认为："知识生产与其他普通商品的生产在一些重要方式上存在差异，诸如，缺乏完全市场的必然性，信息市场的缺乏，研究开发成果的不同性质，知识的公共产品属性。因此，需要政府纠正创新中的市场失效问题。"

我国学者胡卫（2006）认为："由于技术知识具有公共性、技术创新的外溢性、不确定性和风险、信息不对称以及创新过程中的路径依赖与锁定等特点，需要政府通过财政政策、金融政策、专利政策等手段的应用，来消除技术创新过程中的市场失灵。"洪银兴（2011）认为："政府之所以介入科技创新，主要有两个原因，一是知识创新和技术创新具有公共物品的属性；二是创新的成果具有正的溢出效应"。夏杰长等（2006）认为："创新的不确定性、溢出效应以及创新活动外部性等特点的存在，往往导致市场中自发的创新水平不能达到社会的最优值，通常需要财政政策给予支持，从而提高社会的总体创新水平。"林颖（2007）从经济学的角度提出了政府介入科技创新的三个原因，分别是"创新活动的不可分割性、不对称性以及不确定性"。马学认为："政府干预科技创新主要原因有三，分别是科技创新的公共产品属性、科技创新的高风险性以及科技创新的战略性。"

（2）科技创新活动存在不确定性。Scheele（2001）认为革新存在风险是政府干预革新的条件，政府对创新的干预，既可以通过增加对私营公司的激励来进行，也可以通过公共资金直接支持的方式，但是目前争论的焦点在于如何干涉以及干涉的程度。David et al.（2000）认为知识创新过程中的不确定性，是导致企业研究与发展支出水平较低的主要原因，因此，政府应该采取直接支付或间接的税收优惠等财政政策措施来支持企业的研发行为。

（3）国家发展战略与发展中国家实现经济追赶的现实需求。经济合作与发展组织（OECD）认为财政政策支持科技创新的合理性体现在三个方面：一是市场失灵，主要表现在研究开发成果中知识的外部性和消费的非排他性存在，致使社会在研究开发上的投入低于社会期望的水平；二是系统失灵，由科学发现到市场价值的实现是一个复杂的过程,需要政府以适当的方式加速创新的扩散;三是国家战略需要,政府干预的主要目的在于支持国防、能源安全、经济安全等重大国家使命的实现(余志良 等,2003)。范方志等(2004)认为政府对创新干预的原因在于:一是技术创新的外部性、公共产品或准公共产品属性会导致创新市场失灵,需要政府干预;二是出于国家长远发展考虑,占领国际竞争的制高点,需要国家对新型产业和具有重大战略地位的产业加以培植,以培养国家竞争优势;三是依赖静态比较优势不仅不利于实现可持续发展,而且往往会忽略技术创新在经济发展中的作用,为实现赶超战略,必须脱离比较优势陷阱,变静态比较优势为动态比较优势,而在这一过程中,财政政策的支持是非常重要的;四是对大多数发展中国家而言,经济发展中的技术创新都要依赖于引进、模仿消化、吸收和本土化这样一个冗长的过程,往往造成技术对外依赖程度强的不利局面,因此,要消除路径依赖,变后发劣势为后发优势,政府干预是必不可少的。

从以上关于政府财政政策支持科技创新的理论原因来看,焦点主要集中在科技创新本身所具有的公共物品属性、外部性、不确定性、高风险性、国家战略性,以及发展中国家脱离比较优势陷阱、消除路径依赖、实现经济发展转型、提高竞争优势等几个方面。

2.2.2 财政政策支持科技创新的现实原因

随着世界经济一体化进程的加快,科技创新正日益成为国家安全和国家竞争力提升的重要保障。基于此,部分国内外学者从科技创新对国家竞争、经济发展的重要性以及科技创新系统本身的特点方面出发论述了政府干预科技创新的理由。

(1)科技创新是国家竞争力的来源。Porter(2002)认为一个国家的生产要素、市场需求、产业结构、政策制度是国家竞争优势的关键要素。在此基础上,明确提出了国家经济竞争力发展的四个阶段:生产要素导向(Factor-driven)阶段、投资导向(Investment-driven)阶段、创新导向(Innovation-driven)阶段、财富导向(Wealth-driven)阶段,明确了一国经济发展不同阶段的发展动力和导致衰退的力量,同时指出创新阶段是一国竞争力最强的时代。Kennedy 认为大国之间地位此起彼伏的原因:"其一在于各国国力的增长速度不同;其二在于技术突破和组织形式的变革,可使一国比另一国得到更大的优势。"马克思和恩格斯通过对生产的经济过程分析后,指出随着大工业的发展,现实财富的创造较少地取决于劳动时间和已经消耗的劳动量,较多地取决于在劳动时间内所运用的动因力量,而这种动因本身又取决于一般的科学水平和技术进步,或者说决定于科学在生产上的应用。

(2)科技进步与创新是经济发展的主要因素。马克思认为:"科学技术进步在经济发展中发挥着决定性的作用,同时,劳动生产力也随着科学技术的进步而不断提高。Smith 认为:"一国或地区经济增长的动力主要来自劳动分工、资本积累以及科技进步"。Solow 通过对美国 1909—1949 年私营非农业企业实证分析后发现,美国私营非农业企业劳动生产率的提高中,资本和劳动的投入只能解释 12.5% 左右的产出,另 87.5% 的产出不得不被归为一个外生的,用以解释技术进步的"余值"。随后,经济学家围绕"索洛余值"进一步探讨促进经济增长的因素。美国经济学家 Denison 在对美国经济 1929—1982 年之间增长的实证研究中发现,总的经济增长率远大于资本和劳动等要素投入所能解释的增长率,于是将其归为"技术进步",实质上进一步论证了技术进步对经济增长的促进作用。

1962 年经济学家 Arrow 提出的"干中学"模型,首次提出技术进步是增长模型的内在因素。Rome(1986)和 Lucas(1989)等人开创的"内生增长"理论,突破性地把"知识"或"技术"在模型中内生化,并且通过模型研究发现,正是因为经济活动中存在技术创新、人力资本积累等活动,才是一个国家经济保持长期增长的重要支撑。从实践的角度来看,"内生增长"理论为政府政策干预经济提供了新的空间和领域,那就是,政府的作用不再仅仅被局限在调节总需求方面,而是应该加大对知识生产、技术创新以及人力资源方面的支撑,进而为国家经济的长期增长提供良好的基础。Kuznets(1985)通过对美国经济增长时间数列的研究后的结论表明科技进步是现代经济增长的主要因素。

世界经济论坛（2009—2010）①，（2010—2011）②，（2012—2013）③ 认为：生产力和竞争力取决于很多因素，但是以下 12 项因素是几百年来经济学家公认的，分别是：制度、基础设施、宏观经济的稳定、健康和初级教育、高等教育和培训、商品市场的效率、劳动力市场的效率、金融市场的发展、技术储备、市场规模、成熟的商业实践以及创新。以此为基础划分了经济发展的三个阶段，即要素驱动阶段、效率驱动阶段和创新驱动阶段，并将 12 项因素以经济发展阶段划归为不同阶段：要素驱动阶段促进经济发展的主要因素是制度、基础设施、宏观经济的稳定及健康和初级教育；效率驱动阶段促进经济发展的主要因素是高等教育和培训、商品市场的效率、劳动力市场的效率、金融市场的发展、技术储备及市场规模；创新驱动发展阶段促进经济发展的主要因素是成熟的商业实践及创新。Ohno 提出了经济发展的四个阶段，并指出经济发展由低级阶段过渡到高级阶段的主要驱动因素分别是吸收外资、吸收技术和创新。世界经济论坛④（2013）指出："尽管通过完善制度、建设基础设施、减少宏观经济的不稳定性或是提升人力资本能够实现经济的发展，但是所有的要素投入都会面临收益递减，而最终的竞争力支柱聚焦于科技创新。"

邓小平在 1992 年的南方谈话中指出："经济发展的快一点，必须依靠科技和教育，科学技术是第一生产力。" 21 世纪以来，党和国家领导人也先后阐述过科技创新在推进经济社会发展中的重要性。我国著名经济学家林毅夫等（2007）通过对全要素生产率方法发展和理论基础的深入分析，以及对一些国家经济增长经验的回顾与对克鲁格曼观点研究的基础上指出，对于一个国家经济的长期可持续发展来说，重要的是技术的不断创新。常修泽（2005）认

---

① World Economic Forum. "The Global Competitiveness Report 2009—2010" Copyright © 2009 by the World Economic Forum，p17 - 21.
② World Economic Forum. "The Global Competitiveness Report 2010—2011" Copyright © 2011 by the World Economic Forum，p4 - 9.
③ World Economic Forum. "The Global Competitiveness Report 2012—20013" Copyright © 2012 by the World Economic Forum，p8 - 9.
④ World Economic Forum. "The Global Competitiveness Report 2012—2013" Copyright © 2012 by the World Economic Forum，p7.

为科学发明、技术创新、产业化推进通常是一个国家或地区先进生产力发展的必由之路，在特定的历史条件下，欠发达国家或地区，如果能在科学发明或技术创新方面实现突破，就有可能促进该国或地区的产业升级，乃至社会生产力的跨越式发展。姚先国（2012）认为经济发展转型的实质是经济发展动力结构的转换。未来中国经济的增长前景，取决于我们能否适应国内外市场需求的变化。从短期增长动力来看，要实现从投资驱动、出口驱动为主转为消费驱动为主。从长期增长源泉来看，需实现从物质要素投入驱动为主转向创新能力驱动为主，也可以说是从物质资本推动的增长转向人力资本推动的增长。刘伟（2013）认为转变经济发展方式的根本动力在于依靠创新驱动，进而在制度和科技创新的基础上，推动经济结构的升级，实现发展方式的真正转变和经济发展的历史性跨越。

（3）科技创新系统本身运转的复杂性需要政府支持。经济合作与发展组织（OECD）指出科技创新过程存在系统失灵问题（余志良 等，2003）。安维复（2000）认为在推进现代科学技术革命的进程中，国家无疑具有决定意义。其主要原因是，在当代社会中，科技创新体系相当复杂，能够将科学发现和知识创新与经济活动对接，在政府、科研机构、高等学校、企业等创新主体之间建立起协调关系的，只有政府；此外，也只有国家能够以立法的形式保护知识产权，并通过巨额资金的投入来进行知识创新资源的配置。

从以上关于财政政策支持科技创新的现实原因来看，国家竞争力的提升、经济社会的可持续发展以及科技创新系统本身的复杂性是理论界和实务界认为财政政策支持科技创新的主要原因。

2.3　关于财政政策激励科技创新的相关研究

2.3.1　财政政策激励科技创新的理论研究

财政政策是政府实行经济调控的工具之一，主要政策工具有支出政策与税收政策。就财政政策促进科技创新来看，大多数国家都综合利用增加研发支出、政府采购、风险投资以及税收优惠相结合的策略。

（1）激励科技创新的财政政策工具研究。Foster 对美、英、日等发达经济体国家创新政策中创新政策工具数量占总的政策工具数量的比例进行了统计，发现以政府资助和税收优惠为主的财政政策是各国主要的政策工具。David et al.（2000）的研究认为税收优惠政策往往只会起到激励企业加大对 R&D 投资的短期行为，而对一些具有较高社会回报与私人收益相对较低的项目则无能为力，对这类项目而言，政府直接的财政支持可能是更好的选择。Carney et al.（2000）认为行政主导的投资驱动的经济发展必须转变，随着经济发展越来越接近技术发展前沿，多元化的财政必须从直接投资转向高科技领域。Musgrave et al.（2003）在其专著《财政理论与实践》中提出了经济发展的构成因素，主要包括：公共部门的规模与人均收入；资本形成；技术、企业与效率；社会因素与政治因素；外汇；平衡与瓶颈；财政制度的作用；各个部门规模与经济增长。同时指出：税收规定的设计应以促进和鼓励运用先进技术为目的。Falk（2004）通过对经合组织 21 个成员国研发投入的研究后发现，对一些研发强度不高的企业而言，政府补贴对引导企业的研发支出具有积极作用。世界银行和国务院研究中心联合课题组（2012）指出：中国正接近向效率和创新驱动增长转型的发展阶段。向创新型经济转变过程可分为两个阶段。第一阶段（2011—2020），中国将继续主要从进口技术及改进性创新中获益，从而实现生产率提高和经济快速增长。财政政策方面重点在于政府要加大对基础研究的投入，推进大学改革，提高科技人才素质，通过一批重大科技项目弥补产业发展中的一些重要薄弱环节。第二阶段（2020—2030），中国的增长将更多地依靠原创性的发明创新，这类创新不但要依靠尖端的基础性研究，还要依靠中国本土成长起来的充满活力的跨国企业充分利用这些新思想。实现经济发展由效率和创新驱动的财政政策的措施包括：持续增加研发投入，提高国家创新体系效率；鼓励风险投资，增加创业企业和中小企业获得风险资本的机会并对其提供必要辅导；有效并合规地利用政府采购政策促进创新。

我国学者余志良等（2003）认为西方国家支持科技创新的财政政策工具

主要有以下几种：税收优惠和减免；研究发展的财政拨款和补贴；政府购买政策；鼓励风险投资发展的风险投资政策以及中小企业政策。柳卸林（2007）认为财政政策主要通过三种方式介入科技创新：一是通过政府财政科技投入对科技活动进行资助、补贴或是引导；二是通过政府采购政策推进技术创新、产品创新以及产业结构升级；三是通过政府税收优惠激励科技创新。创新型国家支持科技创新的财政政策课题组（2007）指出：对于支持科技创新的财政政策来说，多数创新型国家采用的是减税和增加支出两种手段相结合的做法。马学认为财政政策支持科技创新的主要途径和方式有以下四种：财政科技投入、税收优惠、政府采购和风险投资。中国经济增长与宏观稳定课题组（2008）指出：面对企业生产经营成本的上升，技术创新是唯一的解决方法。而就推进技术创新而言，课题组认为，市场激励是最重要来源，基于此，政府应该通过税收政策对企业的技术创新予以正向激励。同时，还要充分发挥资本市场在激励技术创新方面的作用。李炳安（2011）的研究认为美国在促进科技创新活动中，通过加大研发投入、建立科学基金、政府采购、降低税率、税收减免、税收抵免等财政激励政策，极大地促进了美国的科技创新。王银安（2013）提出了财政支持自主创新的四条途径：一是增加财政科技投入，促进科技成果转化；二是加大税收优惠力度，引导企业增加自主创新投入；三是不断完善政府采购政策，降低企业成本与风险，鼓励企业开展自主创新；四是建设公共研发平台，减少创新成本，加快创新过程。

（2）对支持科技创新的财政政策改革的研究。国家发展改革委员会经济研究所课题组（2012）指出：创新能力的缺乏，是产业处于价值链低端的主要原因。因此，需要进一步加快改革支持科技创新的相关财税体制，主要方向如下：一是要不断优化支持创新的财税政策，重点是加大对基础研究、科技创新基础设施建设以及共性技术研究的财政投入力度；二是要充分运用税收优惠、加速折旧、投资抵免等税收政策措施，推进传统服务业的升级改造；三是要及时调整出口退税政策，逐步取消"高能耗"与"劳动密集型"产品的出口退税，提高我国自主创新产品的出口退税税率，以调动企业创新的积极性。常修泽（2013）在对我国支撑科技创新的财政投入政策、预算制度、政府采购制度以及税收制度的现状分析的基础上，借鉴国际经验，分别就各项制度的完善提出了改革建议。

谢富纪等（2008）认为现行的财政支持科技创新的政策存在经费多头管理、投入方式单一、成果转化困难以及资金的重分轻管等问题，提出应该建立与社会主义市场经济体制相兼容，并与科研工作规律相适应的支持科技创新的财政政策体系，并从支持重点、投入方式、政府采购、绩效考评、体制完善等方面提出了改革建议。贾康等（2011）从财政投入支持创新、税收优惠政策、政府采购政策以及推进创新环境优化四个方面提出了多维度、全方位、立体式的支持创新的财政政策体系。张晓强（2012）指出：创新驱动发展是我国经济发展方式转变的核心因素。要建立以效率为核心的政府绩效考核体系，使政府投资更有效地支持创新；完善鼓励创新的金融财税政策，逐步加大力度，并逐步法制化。樊慧霞（2013）在税收激励机制促进科技创新的优势分析和实证综述的基础上，提出促进科技创新的税收激励机制的相关改革建议。

（3）对支持科技创新的财政政策与其他政策关系的研究。徐博（2010）提出了完善财政科技投入政策、完善政府采购政策、完善自主科技创新的税收政策以及完善自主创新过程中财政与税收政策手段的分工与配合四个方面的政策建议。同时，就科技创新财税政策与科技政策、产业政策、人才教育政策、国家贸易政策以及金融政策等政策的协调做了研究。

从以上关于支持科技创新的财政政策工具的研究中发现，学术界不仅探讨了目前支持科技创新的财政政策工具类型，而且就各政策工具在科技创新过程中的作用范围、阶段、效果进行了理论探讨。

2.3.2 财政政策激励科技创新的实证研究

在理论研究的基础上，国内外学术界关于财政政策促进科技创新的效果也进行了大量的实证检验。Leyden et al.（1991）对美国联邦政府宏观经济数据研究后发现，联邦政府 R&D 经费支出是私人对 R&D 投资的重要决定因素。Dagenais et al. 针对加拿大政府支持 R&D 的税收优惠政策体系进行了研究，结果显示，如果政府放弃 1 加元的税收收入，那么相应的私人 R&D 支出将增加 0.98 加元。Guellec et al.（2000）在对 17 个 OECD 国家的数据分析后发现，针对 R&D 的税收激励促进了社会 R&D 活动。Kortum（2000）对美国风险投资促进技术创新的效率进行了实证研究后发现：一是相同金额的风险投资对技术创新的影响远远超过公司的 R&D 经费投入对技术创新的影响；二是风险投资促进创新的效率相当于公司 R&D 经费投入的 3 倍左右。Pei 通过分析 1981—2004 年间中国和印度的 GDP 增长，发现创新能力对经济发展的贡献非常显著，中国和印度创新能力的提高主要是通过政府在创新领域的大量投资来实现。Hodžić（2012）认为全球化背景下的竞争需要向市场提供唯一的或是有附加值的产品，税收激励对于研究和发展而言是个重要的创新因素。文章通过阐述研究和发展的重要性以及税收激励的地位，认为国家应该运用财政政策、各种形式的减税，激励在研究和发展方面进行投资。

我国学者胡明勇等（2001）认为政府对私人部门资助的政策工具，如政府担保、贷款、税收优惠以及贴息等，除了能起到促进私人部门的技术创新外，政策工具之间也有牵制、替代和补充的作用，政府资助的政策效果随着资助总量的增加而增加，而到某一极值后就会下降。吴秀波（2003）对我国 R&D 支出的税收优惠政策的激励效应进行了实证分析，结果表明，当前我国税收优惠政策对于 R&D 经费支出的刺激强度有限。张桂玲等（2005）在梳理和归纳我国现行科技税收优惠政策后发现，我国的税收优惠政策往往侧重于生产投入环节，而对研发环节的政策支持力度相对较弱。

胡卫等（2005）以税收抵扣政策为分析对象，揭示了税收优惠政策对企业 R&D 经费支出的激励原理。中国税务学会研究委员会第一课题组（2007）在对我国企业总体创新能力进行实证分析的基础上，发现我国企业研发投入对于增值税的变化较为敏感，与所得税呈负相关关系。刘穷志（2007）研究表明：我国财政直接支出对创新的激励贡献没超过 20%，财政激励创新的最优支出规模应该为政府 R&D 经费支出占 GDP 的 0.6%，目前我国的财政 R&D 经费支出正在向最优支出规模靠近。李丽青（2007）通过对 103 家样本企业的问卷调查统计分析，运用实证分析方法，对我国现行税收优惠政策对企业投入的激励效应进行了评估。结果表明，现行税收优惠政策对企业投入具有正效应，但是，激励作用不明显，政府每减免企业税收 1 元，只能刺激企业增加 0.104 元投入。戴晨等（2008）针对政府的财政补贴和税收优惠政策对企业的 R&D 活动的激励效应进行的理论和实证分析发现，两种政策在促进创新中存在不同的政策效应。孔淑红（2010）以 2000—2007 年我国 30 个省（市、自治区）的面板数据为基础，运用逐步回归法对我国税收优惠对科技创新促进作用的政策效应进行了总体的和分区的实证分析。结果表明，总体上税收优惠对科技创新没有起到明显的促进作用，税收优惠对不同的科技创新指标的影响程度显著不同。

范柏乃（2010）对自主创新能力的评价指标体系、自主创新财税政策激励、自主创新的税收优惠政策、激励自主创新的财政政策以及激励自主创新的政府采购政策五个方面进行了实证研究。邓子基等（2011）研究发现由于技术创新过程中各个阶段的侧重点不一，因此，不同阶段也需要不同的政策措施来实施激励。通常情况下，财政科技投入对研究开发具有较好的政策效果；政府采购政策往往在产业化阶段比较有效；税收优惠政策在科技创新的各个阶段都有影响，尤其对企业而言，可以引导企业增加研发投入。王建梅等（2011）对风险投资在促进科技创新中的作用进行了实证研究，结果表明，我国风险投资与技术创新之间的线性关系并不明显，但是，企业 R&D 经费投入对技术创新的影响较大。

以上关于财政政策支持科技创新的实证研究，虽然研究方法、研究结果存在一定程度的差异，但总体而言，使我们对财政政策工具在推进科技创新中的作用机理以及财政政策工具在科技创新不同阶段的适用性问题有了一个初步的认识，有助于我们依据科技创新不同阶段的特点制定具有较强针对性的财政政策。

2.4 文献评述与研究设计

2.4.1 文献评述

对支持科技创新的财政政策相关文献梳理后,我们发现,学术界对应用国家财政政策来支持科技创新的研究已不仅仅停留在科技创新本身的特点,如科技创新的公共产品属性、外部性、信息不完善及创新风险的不确定性等因素所造成的市场失灵上。国家发展战略、创新体系本身的复杂性以及发展中国家赶超发达国家的战略取向等因素日益进入国家财政政策支持科技创新的视野。但目前我国现有的支持科技创新的财政政策研究还存在以下两个盲点。

(1) 目前我国关于运用财政政策推进科技创新的研究,主要集中在对支撑科技创新的具体政策工具的研究上,如财政科技投入政策、税收优惠政策、政府采购政策以及政府风险投资政策等政策工具的作用机理和效果探讨方面。已有的研究大部分是对政策工具的单项研究,可以说"管中窥豹,可见一斑",并没有把各种政策工具放入整个国家创新体系中,就创新不同阶段中不同政策的应用,以及与科学政策、技术政策和创新政策中的其他政策之间的兼容等问题进行深入研究。

(2) 现有支持科技创新的财政政策也没有对我国所处的发展阶段,即经济社会发展进入新时代和社会主要矛盾变化给予考虑。因为对任何经济体的发展而言,立足于国情和特定发展阶段的特点是经济社会发展规划和经济政策制定的前提和基础。具体而言,一是当前我国面临着"人口红利"消失、劳动力成本上升、资源浪费严重、经济发展的环境成本上升以及现有的发展模式不可持续等"瓶颈"问题;二是我国经济发展过程中的"转方式、调结构、促升级"以及实现创新驱动发展日益迫切,尤其是在后金融危机时期,还面临着全球化背景下国际竞争压力不断加大的现实。从某种程度上来讲，当前我国经济发展具有典型的新时代追赶的特征，相应的激励科技创新的财政政策体系构建也应符合这一趋势，显然，现有的研究对此探讨也不足。

基于此，以新时代国家创新体系建设、提高科技创新效率以及建设以企业为主体、市场为导向、产学研深度融合的技术创新体系中对财政政策的需求为依托，以完善我国支持科技创新的财政政策体系为目标，针对新时代我国经济发展的现实需求，以支持科技创新财政政策的"政策需求-政策反馈"之间的双向互动为着力点，提出新时代我国支持科技创新的财政政策体系优化思路，应该是本研究探索的重点问题。

2.4.2 研究设计

在现代财政理论当中，公共物品、外部性、信息不完善以及不确定性的存在是导致市场经济中"市场失灵"的主要原因，也是市场经济条件下政府通过财政政策干预市场经济的理由之一。这一点，也应该是财政政策支持科技创新的主要原因。因为就科技创新而言，其部分阶段的公共物品属性、创新产品的正外部性、创新过程的复杂性以及某些前沿科技领域创新的战略性等特点，往往导致市场上R&D经费的投入水平低于社会实际需求水平，进而影响科技创新的效率，降低一国或地区的经济发展活力，并进一步制约一国的经济社会发展。基于此，通过财政政策对科技创新项目给予支持，以提高科技创新效率，是本研究的逻辑起点。

在理论支撑建立之后，需要对目前我国支持科技创新的财政政策的现状进行评估。本文用国际比较的视角，首先对我国支持科技创新的财政政策与典型创新型国家支持科技创新的财政政策进行了比较；其次，应用实证研究的方法对我国支持科技创新的财政政策的政策效应进行了评估；最后，选取中关村国家自主创新示范区为研究对象，对示范区支持科技创新财政政策的实践效果进行了评估。通过以上三种方式的研究，可以对目前我国支持科技创新的财政政策的现状有一个基本的判断。

最后，立足于我国支持科技创新财政政策的现实，以新时代我国经济发展中"转方式、调结构、促升级"、国家创新体系建设以及"以企业为主体、市场为导向、产学研深度融合的技术创新体系"建设中对财政政策支持科技创新的政策需求为研究重点，找出目前我国支持科技创新的财政政策与参照系需求之间的差距，进而提供完善与优化我国支持科技创新的财政政策的思路与建议。

第 3 章 理论分析：财政政策促进科技创新的理论基础与作用机理

现代财政理论认为，市场经济运行中的公共物品、外部性以及信息不完善等现象的存在，是市场经济条件下政府干预经济的理论基础之一，也是财政政策发挥作用的关键着力点所在。当前，中国经济处于由要素驱动、投资驱动向创新驱动转变的关键节点。作为创新驱动战略的基本内容，科技创新的公共物品属性、外部性与不确定性特征可以为财政政策的适度介入提供现实依据。而且，通过财政政策推进科技创新的不断涌现，对于我国追赶发达经济体、提高国家竞争力也具有重要的现实意义。

3.1 财政政策支撑科技创新的理论依据

3.1.1 公共物品供给与财政政策

公共物品理论是现代公共财政理论的理论之基，是"市场失灵"的根源之一，更是现代市场经济条件下政府干预经济的理论缘由之一。但对于什么是公共物品，依据不同的分类标准，其概念和内涵也不同。本文采用 Samuelson（1954）的定义：公共物品或服务是指这样一种物品或服务，即每个人对该物品或服务的消费，并不会减少其他人对该物品或服务的消费。在随后关于公共物品的研究中，为了清楚地辨别公共物品与私人物品，学术界将 Samuelson 关于公共物品概念的内涵不断引申，认为公共物品通常具有以下三个特点，即效用的不可分割性、消费的非竞争性以及受益的非排他性。在经济学理论当中，以上关于公共物品的三个特点也是政府介入市场经济，参与公共物品或服务供给的理论之基。

(1) 公共物品的特点与政府干预的缘由。首先，公共物品或服务往往具有效用的不可分割性。由于其通常是向全社会提供的物品或服务，在经济实践当中，并不能将公共物品或服务的效用进行单位分割，相应的也就不能定价和出售。因此，对于公共物品或服务的消费而言，往往具有联合消费和共同受益的特性，不能采用"谁付费，谁受益"的原则，尤其是对纯公共物品而言，这一特性更加明显。相对而言，私人物品就可以分割进行销售，遵循"谁付费，谁受益"的原则。其次，消费的非竞争性。个人消费某一种公共物品或服务时，并不排斥、限制其他人对该物品或服务的同时使用，也不会因为他人的使用而造成该物品或服务的数量和质量减少。同时，随着消费者数量的增加，不仅社会对公共物品的消费量并不会减少，而且消费者的边际成本也不会增加。而对于私人物品而言，消费具有明显的竞争性，某人消费一定数量的私人物品或服务时，其他人就不能对此物品或服务进行消费。最后，受益的非排他性。就是说某人在消费公共物品或服务时，在技术上无法将其他人排除在受益范围之外；或是技术上能够排除，但是由于成本太高而使排除变得没有意义。于是，个人无论是否为之付款，都能从此类产品的提供中受益。相比而言，私人物品则有较强的排他性，不付费，则不能受益。

基于以上公共物品或服务的特点，公共物品的存在必然使"搭便车"现象成为经济生活中的常态，使得市场供给主体的合理经济行为不能得到有效的利益补偿。所以，通过市场机制来供给公共物品或服务，结果必然是有效供给不足。基于此，由政府来提供公共物品和服务就成为理所当然。需要说明的是，依据"非竞争性"与"非排他性"的特点，又可将公共物品或服务分为"纯公共物品"与"准公共物品"。目前，就两类公共物品或服务的供给来看，经济实践已然表明，依据公共性的强弱，财政政策支持公共物品供给的力度、方式也应不同。

(2) 纯公共物品与财政支持。纯公共物品是指能够严格满足效用的不可分割性、消费的非竞争性以及受益的非排他性等特点的物品。从经济学"理性人"的角度来看，此类产品如果运用市场机制来供给，必然导致有效供给不足的局面，只能由政府通过税收方式筹集资金来供给，即由财政政策来支持此类产品的供给。

（3）准公共物品与财政支持。在日常经济生活中，纯公共物品或服务并不是普遍存在的，更为常见的是介于公共物品或服务与私人物品之间的物品或服务，既非纯公共物品或服务，又非纯私人物品或服务。这类物品或服务既具有公共物品或服务的特点，又体现出私人物品或服务的特性，经济学中称此类物品为混合物品或准公共物品。依据准公共物品的特点，可将其分为拥挤性公共物品和价格排他性公共物品两类，具体划分标准见表3-1。

表3-1 公共物品与私人物品区分

特 征	排 他 性	非 排 他 性
竞争性	私人物品 特点：私人生产；排他成本较低；由市场配置；提供的资金来源于产品销售收入	拥挤性公共物品 特点：向全社会提供，但是消费达到一定点，边际成本不再为零；公共部门和私人部门都可提供；通过预算和市场配置资源；资金来源于使用者付费或政府财政
非竞争性	价格排他性公共物品 特点：具有正外部性；政府和企业都可以供给，如由企业提供时，需辅之以财政补贴或矫正性税收；资金来源于市场收入或政府财政支持	纯公共物品 特点：由政府直接提供；以国家预算的形式分配；资金来源于政府财政

从表3-1中可以看出，拥挤性公共物品指的是这样一类物品或服务，是向全社会提供的，但是，随着消费者人数的增加，必然会减少每个消费者从中获得的效益，从而具有一定的竞争性。就是说此类物品或服务在消费者人数达到临界点时，若消费者人数再继续增加，其边际成本不再为零。从经济学的角度来看，对于此类公共物品或服务的供给，既可以由政府提供，也可

以通过市场机制供给，往往视具体情况而定。但是，需要说明的是，该类公共物品或服务的建设和运营资金，主要来源于使用者付费或政府给予的补贴。

价格排他性公共物品，是指其效益可以定价，并从技术上可以实现排他的公共物品或服务。典型特点是该类公共物品或服务可以向全社会提供，人人都可以使用，但是，却遵循"谁付费，谁受益"的原则。对于此类公共物品或服务的供给，由于其生产或消费可能会产生正的外部效应，如果由市场提供，往往使得提供者的私人收益低于社会收益，导致提供者的供给动力下降，进而导致该类公共物品或服务呈现出供给不足的局面。因此，需要政府对具有正外部效应的公共物品或服务进行财政补贴，以使提供者的私人收益等于社会收益，最终实现此类公共物品或服务的充分供给。

3.1.2 外部性的矫正与财政政策

在公共财政理论当中，外部性被认为是影响经济社会资源实现优化配置的主要因素之一。外部性理论的首创者马歇尔认为："就经济发展中出现的生产规模扩大而言，可以将其分为两类：一是产业的普遍发展促进了生产的扩大；二是企业自身的资源组织和管理效率的提高也有利于生产的扩大。我们称第一类为'外部经济'（External Economies），称后一类为'内部经济'（Internal Economies）。"（Marshall，1920）

马歇尔关于"外部经济"与"内部经济"的阐述为外部性理论的提出提供了思想源泉。之后，庇古受马歇尔的启发，正式提出了外部性理论。他认为在经济活动中，如果某个厂商的生产或消费行为给其他厂商或者整个社会造成了损失，而不需要付出代价，这时就存在"外部性"。庇古进一步将"外部性"分为"外部经济"和"外部不经济"，并针对"外部性"对经济社会造成的影响，提出了解决办法，即税收和津贴，经济学中称之为"庇古税"（罗士俐，2009）。Buchanan et al. 在 1962 年合作发表的一篇题为《外部效应》的论文中，进一步对外部效应的内涵进行了阐述，并用函数式表达了对"外部性"的认识，用公式表示如下：

$$U_A = U_A(X_1, X_2, \cdots, X_n, Y_1) \tag{3.1}$$

上式中的 U_A 表示 A 的个人效用，它依赖于一系列的活动（X_1，X_2，…，X_n）构成，这些活动处于 A 自身的控制范围之内。但是就 Y_1 而言，是由另外一个人 B 所控制。对此，可以解释为，只要某一个人的效用函数（或某一个企业的效用函数）所包含的变量是在另一个人（或企业）的控制之下，即存在外部效应（高培勇 等，2007）。

综上可以看出，经济学中关于外部性的内涵实质上是某一个人或企业在生产或消费行为中，给其他人或企业的生产或消费造成了影响，但并没有因此付出代价或得到补偿的现象。

在现实的经济生活中，外部性的存在往往影响经济资源的配置效率。因为当个人和企业在生产或消费中存在外部效应时，其生产或消费行为影响了他人或企业的生产或消费，却没有为之承担应有的成本费用或者得到相应的补偿，结果是私人收益与社会收益之间、私人成本与社会成本之间出现偏差，进而使资源配置出现偏差。需要说明的是，无论是正的外部效应，还是负的外部效应，如果不能矫正，其结果都会使经济资源配置出现失灵，出现两种结果：具有负外部效应的物品供给过剩，如图 3-1 所示；具有正外部效应的物品供给不足，如图 3-2 所示。具体分析过程如下。

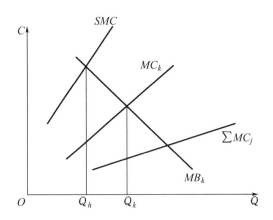

图 3-1　负外部效应下的物品供给过剩

假定 k 为产生外部经济效应的行为主体，MC_k 为其从事该经济活动的边际成本，MB_k 为边际收益，k 的生产行为会给 h 个经济主体带来外部性，当外

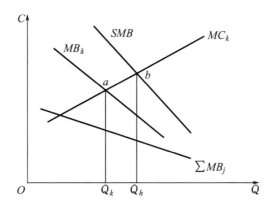

图 3-2　正外部效应下的物品供给不足

部性为负时，产生的社会边际总成本为 $\sum MC_j$，而从社会的角度来看，资源配置在这样一种状态下是最优的，用公式表示如下。

$$MB_k = SMC = MC_h + \sum_{j=1}^{h} MC_j(j \neq k) \quad (3.2)$$

但是现实经济运行中，由于生产主体的私人边际成本小于社会边际成本，而私人收益大于社会收益，使得 k 不会考虑他人的生产成本，继续以自己的成本收益原则进行生产，进而造成具有外部负效应的产品供给过剩，$Q_h < Q_k$。

另一种情况是，当 k 这个经济主体生产的产品具有外部正效应时，其产生的社会边际收益为 $\sum MB_j$。而从社会资源配置效率的角度而言，资源配置达到这样一种状态是最优的，用公式表示如下：

$$MC_k = SMB = MB_k + \sum_{j=1}^{h} MB_j(j \neq k) \quad (3.3)$$

但是，实际经济运行中，k 是依据自己的边际收益等于边际成本的原则来进行生产决策的，不会考虑到社会的整体收益，因此，当某种生产存在正的外部效应时，会导致整个社会范围内该产品供给不足的局面，如图 3-2 所示，使得 $Q_k < Q_h$。

针对以上分析，可以就外部效应的矫正提出具体的措施，总原则是使得从事生产和消费活动的经济主体的私人收益等于社会收益，私人成本等于社会成本，进而实现社会经济资源的优化配置。以下就矫正机理进行经济学分析。

一是负外部效应的矫正。按照庇古的方式，矫正措施是对经济主体在从事生产或消费中所产生的负外部效应进行征税，税额应由所造成的外部性大小来确定，进而使得具有负外部效应产品的私人边际成本等于社会边际成本，实现外部性内在化，具体政策作用机理，如图3-3所示。

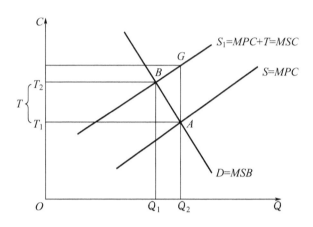

图3-3 负外部效应矫正的作用机理

在图3-3中，MSB代表社会边际收益，MPC代表私人边际成本，MSC代表社会边际成本。在正常的经济运行当中，对于具有负外部性的产品生产而言，经济主体按社会需求和个人的边际成本进行生产的产量为Q_2。为了矫正外部性，政府对该经济主体征收总量为T的矫正性税收，使得负外部性产品的生产成本增加。此时，该经济主体的供给曲线会由S上移到S_1的位置，该主体的均衡产量调整为Q_1的水平，使负外部性产品生产的私人边际成本等于社会边际成本，进而矫正了该产品生产所带来的负外部性，实现社会资源的优化配置。

二是正外部效应的矫正。经济主体在生产或消费活动当中存在正外部效应时，往往会使私人收益小于社会收益，导致具有正外部效应的产品供给低于社会实际需求量。经济学中对正外部效应的矫正，通常依据正外部效应的大小，通过财政补贴的形式予以资助，使得生产具有正外部效应产品的经济主体的私人收益等于社会收益，实现外部效应的内在化，具体政策作用机理，如图3-4所示。

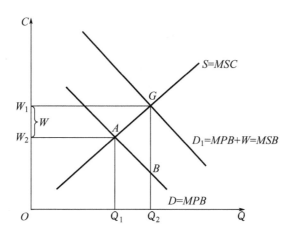

图 3-4　正外部效应矫正的作用机理

在图 3-4 中，MSB 代表社会边际收益，MPB 代表私人边际收益，MSC 代表社会边际成本。在正常的经济运行中，具有正外部效应的产品生产通常在私人边际收益等于社会边际成本的条件下进行。在这种条件下，由于生产者不能弥补生产的成本，往往导致该类产品的市场供给不足。为了增加供给，政府通常对具有正外部性的产品生产进行补贴，补贴额为 W，使得生产具有正外部性产品的经济主体的收益增加，进而使得生产此类产品的经济主体的私人边际收益等于社会边际收益，使此类产品生产的外部正效应内在化，实现社会资源的优化配置。

对于外部效应的矫正，除了以上提到的政策措施以外，科斯也提出了相应的解决方法，即界定产权。通过对经济主体财产权利的明确界定，运用市场机制来实现资源的优化配置。从这个角度来讲，知识产权保护对促进科技创新无疑具有重要意义。

3.1.3　科技创新与财政政策支持

从当今世界上典型创新型国家支持科技创新的财政政策实践来看，主要有科学政策、技术政策和创新政策。三类政策关注着国家创新体系中的不同部分：科学政策的重点是产生科学知识，关注创新的知识来源；技术政策的重点是产生技术知识的进步和商业化，关注的是产业技术进步和技术革新；创新政策的重点是经济中创新的总体绩效，包括国家的产业政策、财政政策、教育政策、金融政策、专利制度、人才政策等，关注的是如何创造好的环境和机制以使经济发展建立在基于科学技术的创新生产函数上[①]。本书的重点在于如何协调科学政策、技术政策与创新政策，以形成有效的"政策组合"。其中财政政策本身的特点对于解决科技创新过程中的公共性、外部性、风险性以及为创新提供较好的环境方面具有良好的作用。这一点，发达经济体和新型工业化国家支持科技创新的财政政策实践就是最好的诠释。因此，通过财政政策来解决科技创新过程中的"市场失灵""系统失灵"以及为科技创新提供良好的基础环境，也应是新时代我国制定支持科技创新的政策措施中的必然选项。

（1）科技创新过程中的市场失灵与财政政策。首先，科技创新部分阶段的公共物品属性需要财政政策支持。从科技创新产品的角度来讲，科技创新的完整实现过程涵盖基础研究、应用研究、试验发展以及商业化后市场价值的实现，不仅是一个由科学知识的发现不断转化为产品的动态过程，而且也是一个公共性不断弱化的过程。也就是说，科技创新的前段，是以知识创新为主的基础研究，是创新活动的起点，主要目的在于促进知识进步和科学发现，具有明显的公共物品属性。中段是以共性技术开发为主的应用研究，具有明显的混合物品特征。因此，对于此类具有公共物品属性的物品，如果由市场机制来配置资源，必然导致研究投入不足。而按照现代市场经济理论，公共物品本身具有非竞争性、非排他性以及效用的不可分割性等特点，使得市场通常在供给公共物品和准公共物品的过程中存在"市场失灵"现象，需要政府通过财政科技投入、财政补贴以及税收优惠等政策措施来弥补"市场失灵"。

从科技创新系统的角度来讲，科技创新具有明显的层次性。科技创新的前段是以政府为主导的科研院所和高等学校所进行的基础研究，该阶段的产品具有纯公共物品的特点；中段是由政府、科研机构、高等学校、企业等主体所进行的共性技术研究与合作研发，以求实现科学知识向产业应用领域中

---

① 陈劲，等. 科学、技术与创新政策[M]. 北京：科学出版社，2013.

的转换，该阶段的创新产品具有混合物品的特点；在科技创新体系的末段，主要是以企业为主体所进行的创新成果商业化应用，并实现市场价值，这一阶段的创新产品明显具有私人物品的特性。从以上分析可以看出，科技创新不仅是国家创新系统中多主体共同参与、共同合作的结果，而且科技创新产品也经历一个公共性不断弱化，私有性逐步增强的过程。

此外，各个创新主体在国家创新体系中所发挥的作用不一，相应承担的风险不同，执行方式存在较大的差异，各个阶段的公共性强弱也不同，体现出较强的层次性，具体特点见表3-2。基于此，针对前段公共性较强的阶段，加强财政支持以促进科技创新就成为必然选择。

表3-2 科技创新体系的层次分析

比较对象	基础研究	共性技术研究	专有技术研究
科技创新主体	科研院所、高等学校	以政府为主导，官、产、学、研等主体相结合	以企业为主导，产、学、研等主体相结合
科技创新目的	国家利益	兼顾国家、区域、企业利益	企业利益
创新产品属性	公共物品	介于公共物品与私人物品之间的混合物品	私人物品
科技创新特点	以原创为主	集成创新或技术创新	基础研究、应用研究基础上的技术创新
科技创新风险	风险较小	风险相对较大	风险较大
科技创新的实施	国家计划	国家计划、产业计划、企业发展战略	企业在国家产业政策引导下，结合国内外发展趋势，依据市场需求与企业发展来实施

资料来源：操龙灿，杨善林. 产业共性技术创新体系建设的研究 [J]. 中国软科学，2005 (11).

其次，科技创新的正外部性需要财政政策支持，以消除外部效应，鼓励创新主体加强科技创新投入。依据著名经济学家庇古的理论，具有正外部性的物品或服务，物品或服务供给者获得的个人收益低于社会收益，个人成本高于社会成本，会扭曲经济激励，致使具有正外部性的产品的供给低于社会实际的需求量，相应的此类物品的供给规模也会逐步缩减。而科技创新恰恰具有此类特点，表现为科技创新的成果通常具有正的外部效应，创新主体和研发的投资者通常不能获得相应的收益，使得科技创新的私人收益小于社会收益，私人成本高于社会成本，最终影响创新主体的积极性。

对此，现代经济学给予了不同的解决方案，即"科斯方案[①]"与"庇古税[②]"。但是在现实经济运行中，并不是所有的领域中产权都可以清晰界定，因此，科斯方案往往带有一定的局限性。相对于科斯方案，"庇古税"在经济政策上的运用反而简单易行，虽然对于经济运行中外部性程度的界定存在诸多困难，但是，对于具体政策措施的实施却具有实际指导意义。比如在科技创新中，就可以对具有正外部效应的科技创新活动予以财政补贴或者税收优惠，以矫正科技创新过程中的外部效应。

最后，科技创新系统的复杂性所导致的信息不完善，是财政政策支持科技创新的又一理论之基。对科技创新而言，其实质是科学发现的市场价值实现，创新主体在市场体系中顺利开展研发并最终生产出适应市场需求的产品，是科技创新的终极目标。而在现实经济运行过程中，由于科技创新系统的复杂性所导致的信息不完善，往往致使这一过程存在较大的风险和不确定性。于是，问题解决的关键就在于这一过程中信息沟通是否顺畅。将市场需要什么产品、什么技术或更加人性化的产品需求信息，能够清晰地反映出来，才能引导科技创新，实现科学技术与市场需求的有效对接。而财政政策，尤其是直接的财政补贴和科技投入，是一种方便的选择性激励手段。通过财政科

---

① 科斯方案：就是通过产权的清楚界定，来有效解决外部性问题。
② 庇古税：是由经济学家庇古提出的解决外部性的方案，即对产生正外部性的行为进行补贴，对产生负外部性的经济行为征税，使得私人收益与社会收益、私人成本与社会成本达成一致，进而实现外部性内在化。

技投入和补贴措施,将财政资金配置到适合市场需求的技术开发和研究中,一方面可以有效地引导或鼓励企业、科研院所进行市场化科研活动,以减少科技创新过程中的信息不对称问题;另一方面也可以降低科技创新过程中的风险和不确定性。

(2)国家创新体系的复杂性与财政政策支持。依据现代市场经济理论,政府的财政政策是市场经济条件下政府进行宏观调控的主要政策工具之一。而科技创新过程涉及多个主体、多个部门以及多层级的协调沟通,具有明显的跨部门性质。这种格局,不仅要求在多个主体、多部门以及多层级之间建立紧密的合作关系,而且需要科技创新政策具有持续性、差异性和综合性。基于此,在关于促进科技创新的诸多政策选项之中,唯有财政政策能够覆盖全部,发挥出"牵一发而动全身"的政策效果。

从系统的角度来讲,科技创新过程涉及政府、科研机构、科研院所、科研中介以及企业等多个主体,创新实现的过程环环相扣,实质上构成了一个完整的创新链条,不同的发展阶段需要不同的政策措施予以支撑。在诸多的政策选项中,只有财政政策能够兼顾科技政策、产业政策、教育政策以及人力资源政策,涵盖科学发现到市场化实现的全过程。

从科技创新基础条件的建立来讲。在市场经济条件下,政府的职能主要是宏观调控、市场监管、公共服务以及社会管理。其中公共服务的充分供给是现代市场经济有效运转的前提和基础。而作为具有明显公共物品特征的科技创新,也同样需要政府参与来培育创新的基础条件,增加科技创新的要素供给,进而促进科技创新的实现。在这一过程中,需要财政政策支撑科技创新过程中的基础研究、基础设施建设以及教育等人力资源方面的发展,为科技创新的实现创造坚实的基础。

从科技创新的实践来看。一是科技创新的高风险性导致市场有效供给不足。科技创新由于研发周期较长,复杂程度高,需要较高的科技投入。此外,一项研发活动是否会取得成果,任何人也难以事先确定,可以说,科技创新的高风险及不确定性是其本质属性。依据曼斯菲尔德对美国三家公司的自主创新的调查结果:60%的创新项目通过研发能够获得技术上的成功,其中只有30%的项目能够获得商业上的成功,而最后获得经济收益的项目只有12%(贾康,2011)。由此可以看出,科技创新的风险性极高。企业为规避风险,不会轻易介入与科技创新相关的研发领域,导致科技创新的市场供给不足。二是科技创新是一个复杂的过程,涉及国家、科研院所、企业、个人等多个参与主体。有些领域属于纯粹的公共物品,只需要政府直接投资或是出资,由企业来完成即可。但是,在科技创新实践当中,并不是所有的创新活动都有清晰的政府与市场的界限,如产业共用技术领域的研究开发,就处于政府与企业研发的中间地带。就其特点来看,既不是纯粹的公共物品,又不是单纯的私人物品,对此,企业因为产权不清而不愿意供给,政府由于职能所限不能、也不愿过多涉及,自然使得此类具有共性技术研究的供给呈现出不足的局面。

(3) 国家战略、发展追赶与财政政策。一是从国家竞争力提升的角度而言,科技创新具有战略性。未来经济发展与国家竞争力的提升,科技创新具有非常重要的支撑作用,正如美国前总统奥巴马(2011)所言:"在全球经济中,如果我们繁荣的关键只维系在廉价劳动、低价建造或生产低质产品上,那将永远不会有竞争力,也不是我们的优势。我们求胜的真正法宝——并且永远不会改变——就是依靠研发新产品及产业升级来提高我们的竞争力,保持我们在科学研究、技术革新领域的重要地位,这是必由之路。"实质上,美国历届政府都高度重视创新:克林顿执政期间制定了R&D经费达到GDP的3%左右的指导性计划;小布什签署国家科学基金会(National Science Foundation,NSF)预算五年翻番的计划法令;奥巴马政府于2011年制定了《美国创新战略:确保国内经济增长与繁荣》的发展战略,指出在美国经济繁荣过程中,创新扮演了重要的角色,在创新的各主体当中,私营机构是创新的引擎,政府的角色在于支持创新体系充分发挥作用,同时确定了政府发挥促进作用的领域和重点。此外,日本、韩国、欧盟等发达经济体也于近年来纷纷出台支持创新的相关战略。为了抢占国际竞争的制高点,我国在2006年出台了《国家中长期科学和技术发展规划纲要(2006—2020年)》,规划了科学技术未来发展的重点领域,提出了支撑科技创新的具体配套政策,借以促进我国的科技创新。可以说，科技竞争已经成为当今国与国之间竞争的焦点，因而科技创新自然而然成为各国的国家发展战略重点。

二是从发展中国家发展战略来看，通过重点领域和关键行业的科技突破，实现跨越式发展，对于发展中国家提升在国际分工中价值链上的地位，提高国家竞争力无疑具有重要的战略意义。发展中国家的成长轨迹表明，大多数发展中国家起初都是依赖本国既有的资源禀赋优势，推进本国经济社会的快速发展。但是，在发展到一定程度后，传统的依赖要素投入支撑的发展模式带来的问题逐渐暴露。对此，我国就是典型例证。随着我国经济社会的发展，传统的以"高投入、高消耗、高污染、高速度"与"低产出、低效率、低效益、低科技含量"为特征的发展模式，不仅使得我国发展面临资源环境供给不足或成本进一步上升的"硬约束"，而且也不利于我国实现经济社会的可持续发展。因为在当今的国际竞争体系中，依靠劳动密集型产业的发展只能居于国际分工中价值链的下游，而要破解发展困境，科技创新就成为必然的选项。

三是从我国科学技术的发展历程来看，曾先后走过以"市场换技术""资源换技术"等路径，但是结果却并没有加速我国的科技创新。反而是国家通过重大专项，比如"863""973""载人航天""嫦娥工程"等项目的实施，推动了我国的科技创新，为我国经济社会的发展提供了强有力的支撑。这充分说明在当今世界竞争中，真正的核心技术是不能通过国际交易实现的，只能依赖于自主科技创新。但是，诸如此类的科技创新活动，因其投入规模巨大，系统复杂，所需资源配置都是通过市场无法实现的。基于此，为提高国家竞争力，政府有义务、有责任加大对科技前沿领域的财政投入。

此外，还需要说明的是，新时代加快科技创新，实现经济发展方式转变和经济结构调整，不仅是实现我国经济社会可持续发展的内在要求，也是我国追赶发达国家，实现经济社会跨越式发展的必然选择。但是，要实现这一目标，也就意味着实现科技领域的跨越式发展，需要在基础研究领域、应用研究领域以及重大科技前沿领域实现较大的突破。而在这些领域，往往由于风险大、不确定性高、财政资金需求量大等特点,市场无法进行资源配置,因此,需要政府财政政策予以支撑。

综上所述,可以看出,不论是从科技创新本身所具有的公共物品属性、正外部性、不确定性以及高风险性等特点来看,还是从科技创新系统的复杂性以及国家战略需求等特点来看,对新时代国家实现经济社会的可持续发展而言,都需要政府加大财政投入力度来支持科技创新,来破解科技创新过程中的"市场失灵""系统失灵"等难题,以促进科技创新。

3.2 支持科技创新的财政政策及其定位

科技创新的实现是一个完整的从基础研究到产品市场化利润兑现的全过程,这一过程也是一个国家创新体系中各参与主体分工合作,各种创新政策协同作用的结果。在诸多的政策选项中,财政政策是始终贯穿科学政策、技术政策以及创新政策的重要政策之一,在促进科技创新过程中发挥着重要的作用。

此外,鉴于科技创新过程中部分环节的公共物品属性、外部性以及高风险和不确定性,需要政府财政政策来解决由此而导致的科技创新中的"市场失灵"问题,但是,财政政策诸多的政策工具应该从创新体系的哪一环节输入,能够发挥出较好的政策效应,是下文需要进一步论述的重点所在。

3.2.1 支持科技创新的财政政策

依据现代经济学中的"供给-需求"理论来看,科技创新供需平衡的实现,既满足国家经济社会发展的现实需求,也需要相应的政策激励措施,从供需两端同时发力,才能达到促进科技创新的效果,如图3-5所示。从需求方面来看,经济实践表明,通过市场化的政府采购制度,为科技创新产品提供巨大的市场潜能,降低创新的不确定性,进而推进科技创新的不断涌现,是世界上典型创新型国家成熟的经验和做法。比如美国、欧盟、日本都有类似的政策，用财政专款支持对中小企业科技创新产品的采购。从供给方面来看，典型创新型国家已有的经济实践也表明，政府可以综合运用财政和金融政策来支持科技创新活动。比如运用税收优惠、财政拨款、财政补贴以及政府风险投资引导资金等具体政策措施来推进科技创新的实现。从财政政策的角度来看，以上政策措施在促进科技创新中又表现为财政科技投入、政府采购、政府风险投资以及税收优惠。

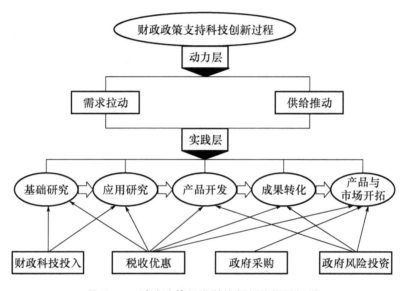

图 3-5　财政政策促进科技创新的作用机制

（1）财政科技投入。政府的财政科技投入是政府直接资助研究机构、高等学校等机构进行创新研发的主要方式之一。通过财政科技投入促进科技创新主要有两种方式：一是通过政府预算安排相应的支出项目，以科研经费和财政拨款的方式支持研究机构、高等学校等机构进行基础研究、共性技术研究以及国家重点科研项目的研究开发，主要解决科技创新过程中由于部分创新活动的公共物品属性、外部性以及信息不完善所导致的"市场失灵"问题；二是通过财政补贴、贴息、担保、参股等方式，发挥财政资金"四两拨千斤"的功效，以实现政府、企业、金融机构以及非营利机构之间科技投入的合理分工与配合，主要目的在于给创新系统中的各创新主体"牵线搭桥"，解决创新过程中的"系统失灵"问题。

以上政策措施具体到支持科技创新的各个环节上，财政科技投入支持科技创新的政策效果主要体现在以下两个方面。一方面有利于加强基础研究，提升国家的科技创新能力。基础研究是科技创新的前提和基础，作为基础研究产品的公共知识，不仅具有较强的公共物品属性，而且外溢性较强，但是，由于其不能直接产生经济效应，私人企业不愿意投资，因此，政府直接的财政科技投入是基础研究的重要资金来源，通过政府的财政科技投入，可以有效强化基础项目研究，进而提高国家的科技创新能力。另一方面也有利于加强共性技术开发，促进产业结构优化升级。共性技术具有混合物品的特征，通常情况下私人资本不愿介入或者没有相应的能力承担此类技术的研究开发，但是，在创新体系当中，这一环节的研究开发又必不可少，基于此，政府财政资金的支持就成为必然。对于共性技术开发的产业发展而言，企业通常是主体。因此，对于此类创新，政府财政投入的方式也必须适应创新所处阶段的特点，以补贴、担保、贷款等方式引导企业参与高新技术的研究开发。这样做，不仅有利于调动整个产业链中企业参与共性技术开发研究的积极性，而且有利于我国产业结构的优化升级。

此外，从财政科技投入的实践来看，在当今世界，不论是哪个国家，政府直接投入科学研究的经费，无论是从规模来看，还是从投入强度来看，都呈现出一种不断加强的趋势。典型如世界科技创新强国美国于 2011 年制定了《美国创新战略：确保国内经济增长与繁荣》，明确指出要加大对科技创新领域的财政支出和科学研究领域的税收优惠，使美国的 R&D 经费投入占 GDP 的比例达到 3%，并对研究和实验税收永久性减免。另外，就目前公认的创新型国家，如美国、日本、芬兰、韩国等国科技创新的特征来看，主要体现在以下几个方面：科技进步对经济增长的贡献率一般在 70% 以上，研发强度（R&D/GDP）一般在 2% 以上，对外技术依存度的相关指标通常在 30% 以下，创新综合指数明显高于其他国家（丁学东，2007）。由此可见，财政政策已经成为世界上创新型国家促进科技创新的主要政策工具之一。对此，我国也不例外，不仅制定了《国家中长期科学和技术发展规划纲要（2006—2020 年）》，明确规定 2010 年使我国的 R&D 经费占 GDP 的比例达到 2%,到 2020 年增加到 2.5%;而且还就促进规划纲要的实施制定了《国家中长期科学和技术发展规划纲要(2006—2020)》的若干配套政策,明确指出加大财政科技投入来推进我国的科技创新。

但是,需要说明的是,任何政策的实施都有其边界。我们在看到财政科技投入政策优点的同时,也要注意到财政科技投入政策的边界所在。从科技创新产品的角度而言,财政支出加大对具有纯公共物品属性的基础研究等领域的投入无可厚非,也是世界发达经济体通用的做法。就单纯的财政政策的角度而言,财政科技投入政策的合理边界应该由科技创新所带来的外部性大小决定。

一般而言,科技创新活动所产生的知识溢出具有明显的正外部性,使得私人边际收益小于社会边际收益,引起市场对科技创新活动供给得不足,进而导致科技创新过程中的"市场失灵"。基于此,通过财政科技投入,使从事科技创新的主体付出的成本和收益完全内在化,即实现私人边际成本等于社会边际成本,私人边际收益等于社会边际收益,进而鼓励企业以及个人积极向科技创新领域投资,促进科技创新成果的不断涌现。然而,财政科技投入也不是越多越好,应该以外部性的解决为基点,来合理界定财政科技投入的边界,如图 3-6 所示。

图 3-6 中,Q 代表科技创新产品量,P 代表价格,MC 代表边际成本,

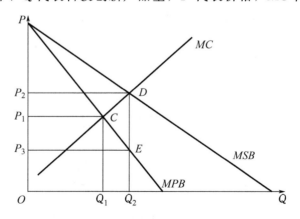

图 3-6　财政支出支持科技创新的合理边界

MPB 代表私人边际收益，MSB 代表社会边际收益。由图 3-6 可知，如果没有政府财政科技投入，社会提供的科技创新活动量为 Q_1，小于社会需要的量 Q_2，要实现 Q_2，政府必须通过财政支出或补贴以实现创新活动的外部性内在化，使财政总体支出达到 P_2P_3ED 的水平。

（2）政府采购。政府采购是指政府部门或者公共组织机构，为了实现其本身的公共职能，在市场中公开采购所需要的货物、工程或服务的行为。当前，在我国利用政府采购政策推进科技创新、产品创新以及中小科技型企业的发展已经成为学术界和实务界的共识。而且，此举也是世界上典型创新型国家实践中相对成熟的促进科技创新的政策措施，如目前西方发达国家已经建立了完善的保护性政府采购制度，典型表现在，对于非 GPA[①] 成员国，普遍采用优待国货、禁止进口等措施限制外国供应商，以实现鼓励创新、支持特定产业的政策目的，像美国的《购买美国产品法》，欧盟的《关于协调公共工程、货物和服务采购程序的指令》等。此外，依据国际投资惯例和 WTO 国民待遇原则的例外规定，西方国家往往规定国民待遇义务不适用于政府采购。对此，我国也不例外，在 2006 年制定的《国家中长期科学和技术发展规划纲要（2006—2020 年）》的若干配套政策中也明确提出了通过政府采购促进科技创新的具体措施。

就政府采购行为促进科技创新的内涵而言，该行为往往与一般的商业行为不同，除了具有一般经济活动的意义外，还具有广泛而深刻的政策内涵。从产品的角度而言，任何新产品的商品化初期，往往由于消费习惯和市场范围的限制，市场开发难度相对较大，使科技创新主体面临较大的市场风险，进而影响市场的创新活动。而政府通过选择性地采购具有科技创新含量的新产品，不仅可以降低科技创新活动的市场风险，而且可以有效地调动企业和其他社会资本投入科技创新的积极性。从政府本身的角色来讲，政府作为采购的主体，不仅是采购的执行者，而且也是公共政策的制定者、实施者和社会公共利益的代表者，因此，政府在执

---

① GPA（Government Procurement Agreement）：是 WTO 框架下的政府采购协议，该协议规定了成员国之间如何开放政府采购市场。成员国绝大多数是发达国家，其政府采购政策要视是否为 GPA 成员国而异；对 GPA 成员国，政府采购活动遵守本国的采购政策，支持创新、支持特定产业的政策不受任何约束；对非 GPA 成员国，政府采购市场的开放是有限度的，一些特殊的行业和领域通过谈判排除在外，还可以利用例外条款鼓励创新。

行采购的行为中,不仅要满足本身的需求,而且应该考虑采购本身的公共政策效应,也就是说,通过附加条件式的以及有选择的产品采购来影响社会经济活动,进而促进政府经济社会目标的实现。其具体措施主要表现为:通过对采购的品种、采购产品的质量要求以及供应商选择等的规定,来保护科技创新类中小企业,进而促进相关产业的发展和经济结构的调整。

但是,我们在看到政府采购政策促进科技创新优点的同时,也要注意到政府科技创新政策在促进科技创新中存在的"逆向选择"行为。因为政府采购政策通常作用于科技创新的末段,即科技创新产品市场化价值实现这一关键节点。如果没有对科技创新产品的认证及认定制度的严格执行,也没有对创新产品保护期限的设置,有可能使政府采购成为保护弱势产业的一种政策工具,进而产生科技创新市场中的"逆向选择"行为,使真正的技术成长类企业和科技创新产品游离出政府政策保护的范围,进而压制创新主体进行创新的积极性。

(3) 政府风险投资。政府风险投资是指政府成立的风险投资公司、基金公司、投资公司等通过向创新型企业提供股权资本,并参与企业的策划、管理、经营以及服务等事项,以期在企业获得市场成功后,通过股权或者股权转让的方式获得股票升值的收益(聂颖,2013)。作为一种特殊的支持科技创新的投融资体制,其实质在于促进资本与知识的结合,使科学发现和知识创新能够迅速转化为现实生产力,以实现其价值。其资金主要来源于以下三个方面:①政府直接投入;②社会资金的投入;③获得的投资企业红利或以IPO等方式获得的回报。

目前,通过风险投资来促进高新技术企业发展是世界各国普遍的做法。世界科技创新强国美国,不仅是通过风险投资促进科技创新型企业发展的创始国,而且也是当今世界上风险投资最发达的国家,诞生于硅谷的英特尔(Intel)、微软(Microsoft)、戴尔(Dell)、康柏(Compaq)、亚马逊(Amazon)、雅虎(YAHOO)等高新技术企业无一不与风险投资有关。此外,典型的欧洲创新型国家也都设立了支持本国科技创新的风险投资基金,如英国的区域风险投资基金(RVCF),法国的种子基金,芬兰的国家研发基金(SI-

TRA) 等（丁学东，2007）。这些政府风险投资基金的有效运行，极大地支持了上述国家高新技术企业的发展。可以说，发达经济体通过风险投资促进科技创新的成功实践表明，政府风险投资不仅有利于培育高新技术企业的发展，而且是科技创新的助推器。

在经济实践当中，政府风险投资主要通过两种方式支持科技创新。一是直接支持，即政府直接运用财政资金参与高新技术产业的项目投资，具体而言就是应用权益投资、政府补贴、政府担保以及财政拨款等手段将资金流引入高新技术类风险投资项目，进而对风险投资主体产生直接的经济影响；二是间接支持，指政府通过创建有利于风险投资发展的一系列制度及环境条件，鼓励风险资金投入科技创新类企业的项目。具体分类参见表 3-3。

表 3-3　政府风险投资分类

分类	种类	政策目的
政府直接风险投资	政府权益投资	投资于小企业或是风险投资公司，为创新企业提供启动资金
	政府贷款	政府直接以贷款的形式鼓励风险投资机构向创新企业提供启动资金
	政府补贴	政府向风险投资者或高新技术产业提供直接的无偿援助，目的在于为风险企业提供创新动力，促进高新技术企业的成长
政府间接风险投资	税收激励	通过税收抵扣、减免等税收优惠措施来提高创新型企业的风险投资的收益率，或者通过成本降低的方式来扶持风险投资企业的发展
	贷款担保	政府担保基金对科技创新型企业的商业贷款进行担保，借以形成有效的风险分担机制，降低创新企业和商业银行双方的财政金融风险
	权益担保	主要是对商业风险投资公司的一种投资损失补偿机制，借以提高风险投资的整体收益率，进而使商业风险投资的方向与政府发展规划趋近

政府风险投资的特点主要体现在以下几个方面。首先，政府风险投资是一种高收益和高风险并存的投资方式。因为风险投资的对象一般是具有较高潜在市场价值的高新技术产品，但是，这类企业一般具有如下特点：通常处于企业发展的创业阶段，企业产品的技术和工艺还不成熟，也没有经过市场的检验，产品最终能否开发成功以及能否进行产业化生产，并被市场所接受都是未知数。但是，值得一提的是，产品一旦开发成功，将会给创新型企业和投资人带来巨大的利益回报。

其次，科技创新类企业的风险投资通常是长期的权益投资，往往投资周期较长，其间还有可能需要不断追加投资，以支持该产品的开发。需要说明的是，对此类企业的投资而言，投资当期的收益不是投资主体关注的重点，企业长期的发展前景、未来盈利能力以及资产的增值等往往是投资主体关注的焦点。一旦企业成长并实现盈利，投资主体就会通过上市或产权交易的方式退出，从而获取高额的资本利得。

再次，风险投资往往具有阶段性特点。通常情况下，在风险投资的具体执行中，一般将高新技术企业的成长划分为四个阶段，即种子期、起步期、成长期以及成熟期。在不同的发展阶段，都不同程度地需要风险投资的支持（聂颖，2013）。特别是在创业起步阶段，风险投资的支持比起银行信贷资金，往往起着决定性的作用。同时，在投资过程中，投资主体为了降低投资的风险，往往依据企业成长的不同阶段进行资金注入，只有前一阶段的投资目标实现后，才会进行下一轮资金的注入。实践表明，通过分阶段注入资金的方式，不仅可以有效控制投资的风险，而且有利于提高风险投资的成功率（黄惠春，2003）。

最后，政府风险投资是一种政府主动参与的专业投资方式，这是风险投资与传统投资的最大差异。因为政府风险投资主体以风险投资的方式，不仅向创新型企业注入资金，支持了企业的科技创新；而且这种"权益式"的投资模式，也使得投资主体拥有一定的公司股份和管理权。通过投资，实质上使得风险投资公司与科技创新型企业结成一种"共担风险、共享利益"的"共同体"。这种"一荣俱荣、一损俱损"的关系结构，必然要求风险投资的运作者参与风险企业全过程的管理，进而改善并提高公司的经营结构和组织领导能力。典型如美国硅谷支撑高新技术产业的风险投资中，风险投资主体通过风险投资注入高新技术企业，不仅为硅谷的高技术产业提供了创业资金，而且有效地改善了公司的经营结构、组织结构以及领导能力（钱颖一，2003）。

但是，在看到政府风险投资促进科技创新的同时，也要认识到，政府风险投资在促进科技创新中的退出机制设计也至关重要，主要原因如下。

一是政府风险投资的目的在于培育高新技术产业，同时也为处于创业期的企业提供良好的制度结构和环境，获利并不是其主要目的，只是需要在一定程度上获得一定的投资补偿，以期尽可能降低政策实施的成本。

二是通常情况下政府进行风险投资的另一政策意图在于引导社会资本参与高新技术产业的投资，基于此，政府投资的尺度把握就非常重要，如果过度参与，就有可能形成低效投资或对社会资金的挤出效应。

三是必须认识到政府风险投资不是产业化的资金支持，而是培育性的投资，在完成既定目标，即高新技术企业的形成和高新技术企业的产品市场化，并经营状况良好时，应该通过产权市场以股权转让的方式退出企业，转向其他高新技术企业的培育，实现资金的良性循环。从这个角度而言，政府的风险投资对于高新技术企业的发展的确是催化剂、推进器、孵化器。

此外，需要进一步说明的是，政府风险投资的目的在于培育高新技术产业，定位应该在于促进具有市场潜力的高新技术企业的发展，作用在于引导社会资本向科技创新类产业聚集。而超出其作用范围的任何政策行为，不仅会造成政府风险投资的低效率，甚至会对社会资本进入高新技术产业产生挤出效应，而且会进一步影响科技创新的实现。

（4）税收优惠。税收优惠政策是通过减轻税负或延迟纳税等措施激励企业或个人从事政府所鼓励的行为，以实现政府特定的政策目标。其本质是国家与各种经济主体之间经济利益的再分配。就支持科技创新的税收优惠政策而言，实质上是将政府的应收财政收入让渡给科研院所或者企业，将资金用于研究与开发，其政策目的是诱导社会经济活动符合国家的战略意图和宏观经济发展的要求，是当今市场经济国家政府投资科技创新的一条重要渠道。

目前，世界上典型创新型国家支持科技创新的税收优惠政策主要有以下几种方式。第一，以税收优惠政策鼓励企业加大研发投入。经济发展的实践表明，企业研发投入与企业产品的市场竞争力的提升密切相关。基于此，对企业用于研究开发的投资给予税收优惠，有利于鼓励企业加大研发投入。目前，常用的税收政策措施包括如下。①税收抵扣。即政府在企业应该缴纳的所得税额中，将研究与开发支出的部分或全部予以扣除。②税收减免。即政府允许企业在应税收入额中扣除比实际R&D经费支出更多的金额。例如美国20世纪80年代的《国内税收法》中就规定：对美国的商业性公司和研究机构，若其R&D经费支出与以前相比有所增加的话，就可以获得相当于新增值20%的退税支持。进入21世纪以来，美国政府更加重视用财政政策来支持科技创新。在2011年奥巴马政府推出的《美国创新战略：确保国内经济增长与繁荣》中，则明确提出要加大对科技创新领域的财政支出和科学研究领域的税收优惠，规定对研究和实验税收永久性减免。此外，日本政府也高度重视财政政策对科技创新的支持。在其《促进基础技术研究税则》与《增加试验研究费税额扣除制度》两部支持科技创新的税收制度中，明确规定了鼓励企业进行研发投入的政策措施，即提出对企业所进行研究与开发活动，政府给予50%的补贴。

第二，用税收优惠来鼓励企业采用先进技术或设备。为了鼓励企业采用新技术或高新技术设备，世界上大多数国家针对企业更新和购置先进设备制定了一系列税收优惠政策，如加速折旧、所得税减免、税收抵扣等政策措施。例如美国、日本、德国、英国、法国、韩国等国的政府为了鼓励企业进行设备更新、采用新技术，允许企业以加速折旧的方式，来缩短固定资产的法定使用年限。

第三，用税收优惠政策支持中小创新型企业发展，是世界上典型创新型国家常用的政策措施。主要做法是对科技创新型中小企业在创立初期进行税收减免。例如英国、德国、法国、韩国以及我国都有相关支持中小创新型企业发展的税收优惠政策。具体而言，针对中小企业R&D经费支出补贴，英国政府于 2000 年就颁布了相关的税收优惠政策，其中就指出，只要中小型企业在 R&D 经费上投资 2.5 万英镑以上，就可将过去 100% 的 R&D 经费支出的税款扣减比例提高到 150%，同时还规定，如果中小企业没有应税盈利，就可得到相应的现金返还。德国对在欠发达地区建立中小企业的，规定可以免交 5 年的营业税，并对新建企业的动产投资的所得税减按 50% 征收。法国规定，对新建立的中小企业，可以免交 3 年所得税；在法国老工业区等重点开发区兴办企业的，地方税、公司税以及所得税可免交 3 年，3 年期满后，仍可以享受 50% 的税收优惠；此外，为鼓励中小企业采用新设备，规定将新建企业的固定资产折旧率由 5% 提高到 25%。韩国则规定，对创立初期中小企业的财产登记税、财产获得税、财产税和土地税等税收实施优惠（丁学东，2007）。

对此，我国也有支持中小创新型企业的政策措施。例如，我国于 2006 年制定的《国家中长期科学和技术发展规划纲要》（2006—2020 年）配套政策中就规定：对投资于中小高新技术企业的创业风险投资企业资金，实行投资收益税收减免，或者投资额按比例抵扣应纳税所得额等税收优惠措施。

3.2.2 财政政策在科技创新政策中的定位

财政政策在科技创新政策中的定位，主要体现在两个方面：一是财政政策在科技创新政策中的定位，即财政政策分别在科学政策、技术政策以及创新政策中发挥什么样的作用；二是财政政策中具体的政策工具，如支出政策中的财政科技投入、政府采购以及政府风险投资和收入政策中的税收优惠政策等政策工具，在科技创新的各个阶段中发挥什么作用，什么阶段采用什么政策工具能够较好地起到促进科技创新的作用。

（1）财政政策在科技创新政策中的定位。从科技创新政策的角度而言，要厘清财政政策在科技创新中的定位，必须先明确科技创新政策的分类、政策目标、特点，才能"对号入座"，提出具有针对性的政策选项（见表 3-4）。

表 3-4 科学政策、技术政策及创新政策之间的关系

	科学政策	技术政策	创新政策
政策目标	产生科学知识	产业技术知识的进步和商业化	经济增长和国际竞争力提升
主要解决问题	资源配置，即对不同的科学活动合理地分配资源	不同国家需要解决的问题不同，发达国家技术政策主要是培养能够产生最新科学技术的能力，并应用于实践，发展中国家的目标是对市场上出现的技术进行吸收和使用，同时努力利用新技术进入前景广阔的产业	注重创新而非资本的分配的经济政策，比科学政策和技术政策更加强调创新体系中机构和组织的重要性
创新体系中的要素及重点	要素包括：大学、研究所、技术部门以及研究和开发实验室	要素包括：大学、研究机构、技术机构以及研究和开发实验室，但是关注的焦点从大学的学术理论转向了实际的工程应用，从大学内部转向了大学与产业界之间的联系	要素包括：大学、研究机构、技术机构以及研究和开发实验室，但是关注的重心从大学和技术部门转向了经济体中所有对创新有影响的主体
主要政策工具	公共研究投资，企业税收激励，高等教育以及知识产权的保护	政府采购，对战略性产业的支持，创新体系中的协调，劳动力培训和提高技能，设立标准等	改进个人技能和学习能力，改进组织绩效，伦理规制，竞争规则，消费者保护以及改进区域发展的社会资本；集群和工业区建设

资料来源：法格博格，莫利，纳尔逊. 牛津创新手册 [M]. 柳卸林，郑刚，李纪珍译. 北京：知识产权出版社，2009.

首先，科学政策的主要功能在于产生科学知识，需要科研院所、大学以及研究和开发试验机构等主体的积极参与，但是，这一过程由于存在风险和明显的不确定性，且产生的知识应该说具有纯公共物品的性质，外溢性较强，

如果由市场来提供，必然导致有效供给不足的局面。基于此，应该通过直接财政科技投入为这些创新活动提供充裕的资金，是世界各国加强科技创新的必然选择。因此，财政科技投入是科技创新政策中科学政策的重要支柱。

其次，就科技创新政策中的技术政策而言，政策目标正从宽泛的哲学考虑转向更加现实的国家竞争力以及经济目标，往往关注产业技术知识的进步和商业化，科技发展的前沿领域。比如核能、空间技术、计算机、基因工程、航空航天、生物制药等具有重大战略意义的领域通常是技术政策关注的焦点。为了促进这些领域的发展，政府需要用到多种政策手段，其中最有效的政策莫过于政府采购，除此之外，直接的经济激励，如给予相关研究机构、企业财政补贴和减免税收也是常用的政策手段。

最后，就科技创新政策中的创新政策而言，通常以两种不同的方式出现：一是放任主义；二是系统化的创新政策。前者认为应该关注于创新政策的框架条件，而不是某个特定的技术和产业，知识产权保护成为政策的重点。而系统化的创新政策则将创新系统内各部分之间的联系作为创新政策的基本关注点。实质上，放任主义强调了企业在科技创新活动中的主体地位，而系统化的创新政策则切实考虑到了由于企业能力的不同，以及开发、吸收和使用新技术的能力差异所导致的"市场失灵""系统失灵"等问题。因此，从系统的角度讲，除了前面提到财政科技投入、税收优惠以及政府采购等政策措施外，风险投资对科技创新的支持也具有重要的价值和意义。

从以上分析和表3-4可以发现，科学政策、技术政策以及创新政策之间，事实上是一种层层递进的关系。从政策范畴的角度来看，技术与创新政策中包含科学政策的若干因素，而创新政策则包含科学政策与技术政策，是一种范畴更大的政策概念。就各个政策在科技创新中的重要性而言，在诸多的政策工具当中，唯有财政政策是能够贯穿以上三种政策的政策措施，而且各个阶段也需要不同的财政政策工具才能相应地发挥激励作用，进而实现推进科技创新的目的。因此，基本可以认为，财政政策是支持科技创新的重要政策工具之一，在推进科技创新中发挥着重要的支撑、促进、引领以及激励作用。

(2) 财政政策工具及其在促进科技创新中的定位。从财政政策的角度而言，不同的财政政策工具具有不同的特点，可以针对科技创新不同阶段的政策目标发挥相应的作用。一是财政科技投入具有直接性、选择性以及灵敏性等特点，针对市场风险较大、不确定性强、具有重大国家战略意义的科技创新领域无疑最具优势，可以有效解决此类创新由于资金不足所导致的市场供给不足问题。二是在现代市场经济条件下，大部分国家都采用分税制财政体制，在这种体制下，税收内嵌于市场经济，通过税收优惠、税收减免以及税收抵扣等政策工具，就可以影响企业行为，引导企业加大对科技创新项目的投资，进而促进科技创新的实现。三是科技创新最终的目的是创新产品的市场价值实现，也就是创新产品经济利润的实现。而相对于科技创新产品而言，需要一个被市场认同的时间，此时，通过政府采购政策，就可以有效解决这一问题。

此外，学术界也对此问题展开了广泛而深入的研究，分别就不同的政策工具在促进科技创新方面的作用进行了探讨，基本结论是：财政科技投入应该在基础研究领域和共性技术研究上发挥作用，税收优惠政策应该在所有阶段发挥作用，政府采购政策的作用应该体现在科技创新产品的产业化阶段等。典型如邓子基（2011）的研究认为在研发阶段与成果转化阶段，财政支持与税收优惠都很重要，其中财政科技投入对研究开发具有较好的政策效果；政府采购政策往往在产业化阶段比较有效；税收优惠政策在科技创新的各个阶段都有影响，尤其对企业而言，可以引导企业增加研发投入如图3-7所示。

综上所述，财政政策在科学政策、技术政策以及创新政策中都扮演着非常重要的角色。财政政策不仅贯穿支撑科技创新的科学政策、技术政策以及创新政策的整个过程，是支持科技创新政策中的重要政策工具，而且不同的政策工具在科技创新不同环节的作用也各异。因此，只有依据科技创新各个阶段的特征和不同财政政策措施的特点，才能正确定位财政政策工具的作用点及范围，使财政政策发挥最大的激励效应。

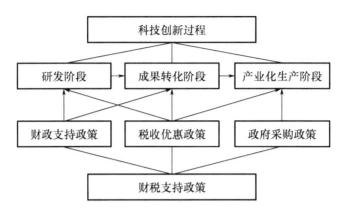

图 3-7 财政政策激励技术创新的机理

资料来源：邓子基，杨志宏．财税政策激励企业技术创新的理论与实证分析［J］．财贸经济，2011（5）：5-10，136．

3.3 财政政策促进科技创新的作用机理分析

任何政策的制定、执行到产生相应的政策效果，都是一个有相应的逻辑闭环过程。需要厘清政策要解决的问题是什么，选用何种政策能够较好地解决此问题，政策作用的起点在什么地方，政策是如何发生作用的，产生了什么结果，如何对政策效果进行评估以及政策问题有何反馈等。对于促进科技创新的财政政策而言也不例外，也需要厘清如上问题，尤其是需要进一步厘清财政支出政策与税收优惠政策在经济实践中如何促进科技创新实现这一问题。

3.3.1 财政支出政策的作用机理分析

厘清财政支出政策促进科技创新的机理，主要是对财政支出政策的具体载体，即财政支出政策具体的政策措施，如财政科技投入、政府采购以及政府风险投资等政策工具在促进科技创新中的作用机理进行系统化分析。

（1）就财政科技投入与财政补贴政策在推进科技创新中的作用机理而言，财政科技投入促进科技创新的作用机理相对较为简单直接。主要表现为政府直接将科研经费投向具有较强公共物品属性的基础研究领域、共性技术研究以及具有国家战略意义的关键性技术攻关项目。对于处于转型发展时期的经济体而言，可以迅速强化国家在科技创新领域内的薄弱环节，达到提高本国科技创新能力的效果，如图 3-8 所示。

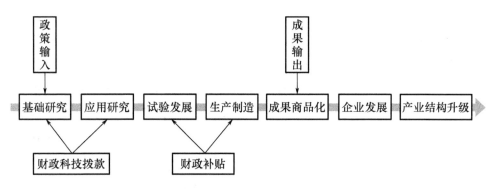

图 3-8　财政科技投入促进科技创新的作用机理

此外，就政府财政补贴在推进科技创新中的作用机理来看，实质上也是政府的一种无偿支出来支持科技创新，主要适用于生产、流通、分配和消费等环节。通过财政补贴可以影响企业的行为，从而改变社会的供给结构与需求结构，进而实现资源配置的改善与产业结构的转型升级，具体作用机理如图 3-9 所示。

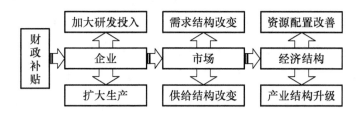

图 3-9　政府财政补贴推进科技创新的机理与逻辑路径

但是，就政府财政补贴在推进科技创新中的逻辑路径来看，财政补贴主要是针对科技创新过程中的某些环节，如应用研究、实验发展阶段以及生产阶段，总之，就是在产品未达到规模化生产阶段之前。因为在这些创新阶段，仅仅依靠市场主体的意识自觉和自由竞争，是不可能达到社会福利最大化的，这客观上要求政府采用适当的财政政策工具，消除企业发展过程中边际私人收益与边际社会收益、边际私人成本与边际社会成本之间的背离问题。具体来说，就是通过补贴，使企业加大研发投入，并扩大生产，从而使经济社会的供需结构发生改变，进而实现资源优化配置和产业结构的转型升级。

（2）就政府采购在促进科技创新中的作用机理而言，主要表现在以下三个方面。

一是通过创造一个竞争性的科技创新市场结构来促进创新。在实际经济运行当中，政府采购对科技创新的作用不仅仅体现在财政资金对科技创新主体的财力支持，其深层次的意义在于通过对科技创新类产品的采购，在市场中产生"引领"作用，激励市场中的企业积极进行技术创新。尤其是在现代市场经济条件下，企业是市场经济的主体，而政府需求作为市场需求的重要组成部分，通过采购什么、采购多少、向谁采购等决策和行为，可以对市场上的微观经济主体——企业产生较大的影响，进而引导市场经济主体更多地参与科技创新活动，有助于形成一个科技创新的竞争性市场结构。

二是通过扩展市场需求的方式来促进科技创新。从经济学的角度而言，政府采购支持科技创新主要体现在拉动需求上，即通过采购启动、扩大创新产品的市场需求。就科技创新活动本身来讲，其典型特点是高投入、外溢性强、生产边际成本低，以及创新产品商业化需要较高的市场份额来分担高额的研究开发成本。但是，现实是许多科技创新产品得到市场认可需要一定的时间，在短时间内扩大市场份额或是增加销售量往往困难重重。造成的局面是市场对科技创新产品的需求远远达不到社会实际的需求量（聂颖，2013）。

从科技创新产品供求的角度而言，政府采购促进科技创新，主要是通过扩大对科技创新产品的市场需求来实现的。因为在经济活动中，就市场有效需求而言，政府往往占有较大份额，所以政府部门对某一类创新产品的需求量在整个产品市场上也往往占有重要的份额。基于此，通过政府采购，不仅可以有效分解创新风险，降低创新的不确定性，分摊创新产品的研究开发成本；而且还可以扩大创新产品的市场需求量，激励创新主体积极向创新活动投资，进一步促进科技创新成果的不断涌现，作用机理如图3-10所示。

图3-10中D_2是整个社会的科技创新需求曲线，D_1是市场的科技创新需

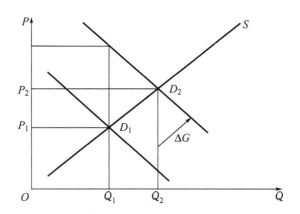

图 3-10 政府采购政策对科技创新需求的影响

求曲线，S 是科技创新的供给曲线，由于科技创新活动具有明显的正的溢出效应，所以科技创新的社会需求高于市场决定的科技创新需求，D_2 处于 D_1 上方。另外，从全社会的角度而言，科技创新的有效需求应该处于 Q_2 水平，但是，在单纯的市场机制下，科技创新的供给量为 Q_1，低于社会的有效需求量。所以，通过政府采购政策 ΔG，来扩充科技创新的需求量，使得市场中的科技创新供给量由 Q_1 增加到 Q_2 的水平，此时，科技创新的有效供给量为全社会的有效需求量，进而实现了促进科技创新的政策目的。

三是政府采购市场可以充当科技创新产品的实验场所。追赶发达经济体的科技创新优势，是发展中国家提升本国产品在国际竞争中价值链上的地位，分享更大的价值份额，提高国家竞争力，实现经济社会可持续发展的必由之路。但是，发达国家的科技优势，仅靠单纯的市场机制无法实现。对此，一方面需要国家加大对具有重大战略意义的科技创新项目进行投资，来促进相关领域的跨越式发展；另一方面也需要充分利用政府采购政策，对我国的自主创新产品采取优先购买、"首购"等方式，来降低中小企业进行创新投资的风险和不确定性。这样做不仅可以有效地改变发展中国家经济发展中的路径依赖现象，实现经济发展的驱动要素由要素驱动转向创新驱动，进而实现一国经济社会的可持续发展；而且还可以有效降低本国科技创新型企业的成果被国外同类产品替代的可能，增强本国企业的生存能力和适应市场竞争的能力，对本土企业的创新活动形成一定的保护。

（3）就政府风险投资促进科技创新的作用机理而言。企业有了成熟的项目之后，资本就成了企业项目启动的基础，尤其是对科技型中小企业而言，资金支持是其发展的前提和基础。因为对科技型中小企业的发展而言，风险和不确定性相对较大，所以为了规避风险，作为主要融资主体的银行一般不愿意为此类中小企业提供资金支持。但是，从长远来看，此类中小企业又具有较强的市场潜力，且符合国家发展战略和政府的政策意图。因此，在此类中小企业的种子期和起步期，政府部门通过风险投资基金、直接财政投入，或者以政府担保等方式来直接进行资金投入，或引导社会资本支持此类企业的发展，待企业经营发展进入轨道后，再通过市场方式实现风险资金成本的回收，并获取相应的资本投入回报。风险投资促进科技创新的作用机理，如图3－11所示。

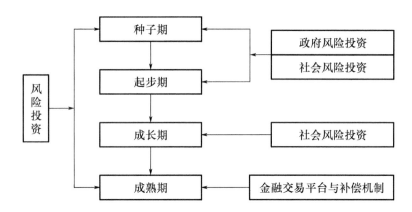

图3－11　风险投资促进科技创新的作用机理

3.3.2　税收优惠政策的作用机理分析

税收优惠作为一种宏观调控的政策工具，以税收政策直接调节纳税主体的收入，进而影响市场主体的经济行为，使其行为符合国家宏观调控的方向和国家发展的战略方向。就税收政策推进科技创新而言，其作用机理主要通过以下几种方式体现出来。

一是对科技创新型企业的研发活动实行税收减免。通过对高科技企业研发活动进行税收减免，引导社会资本流向科技创新型企业，鼓励社会经济主体积极进行研发活动。二是以税收优惠的方式来降低企业的生产经营成本。通过对科技型创新企业的税收优惠,实质上是将政府应得的财政收入让渡给企业,进一步降低企业的生产成本,直接增加企业的经济利润,从而引导企业积极参与科技创新的研究开发。三是税收优惠政策还可以鼓励社会资本参与高新技术产业的培育。通过对进入科技创新领域的风险资本进行税收减免的方式,鼓励社会资本积极投资于高新技术产业,进而促进科技创新的不断涌现。作用机理逻辑如图3-12所示。

图 3-12 税收优惠政策推进科技创新的作用机理

3.4 本章小结

通过对支持科技创新的财政政策理论与作用机理的研究,可以看出,财政支出政策与税收优惠政策在推进科技创新过程中的作用有所差异。

(1) 侧重点不同。就推进科技创新的财政支出政策而言,财政科技投入更具直接性,主要在基础研究领域、共性技术研究以及国家重大战略领域内发挥作用。因为这些领域,往往是一些非市场化的关键领域和产业,企业由于资金或风险考虑一般不会介入此类产业的投资。政府采购政策和风险投资应该主要在培育科技创新型中小企业中发挥作用,通过对科技创新型企业产品的采购可以明确支持科技型企业,同时通过风险资金的投入,为科技型中小企业提供产业资金,进而促进科技型中小企业的发展。就税收政策而言,其作用点主要在企业,通过税收减免的方式,引导企业进行研发活动。从科技创新的全过程视角来看,税收优惠贯穿科技创新的全过程,激励与约束也体现在每一个环节，可以有效地促进企业的创新活动。但是与支出政策不同的是，税收优惠政策是以间接方式激励科技创新活动，主要途径为政府通过对微观市场主体的引导来推进科技创新。

（2）激励方向不同。财政支出政策刚性特征明显，主要是以支持方式推进科技创新的实现，限制作用有限。而税收政策则相对比较灵活，既可以通过奖励的方式推进科技创新，比如对科技型企业进行税收减免，降低其成本，进而增加其收益，鼓励其发展；也可以通过限制的方式促进科技创新，比如对高耗能企业征收环境税、资源税等调节性税收，限制此类产业或企业的发展，从而鼓励企业进行技术开发，达到推进科技创新的目的。

（3）政策风险不同。就支持科技创新的财政支出政策而言，不仅体现在投入大、连续性强和充满风险上；而且财政科技投入都属于事前安排，项目究竟需要多少投入、周期多长以及成功后是否能带来预期的收益都具有不确定性，因此，承担的风险极大。而相比于财政政策的事前投入而言，税收优惠政策往往是一种事后支持，也就是说只有企业的产品满足科技创新特点时才能够享受税收优惠政策带来的收益。因此，政策成本相对较低，承担的风险也较小。

（4）不同的经济发展阶段，政策工具使用不同。对于推进科技创新的财政政策而言，在实践中往往与一个国家所处的发展阶段有很大的关系。对于发展转型的国家而言，由于企业研究开发实力相对比较薄弱，要实现经济发展方式转变，提升国家竞争力，实现追赶发达国家的目的，需要国家加大对研究开发的支持力度，尤其是在知识经济时代，更显迫切。对于发达国家而言，企业研发能力相对较强，通过激励性税收政策，引导企业进行研究开发，使得有限的资金发挥出"四两拨千斤"的引导效应。此外，由于发达经济体的财政金融体制相对比较完善，所以，风险投资也是发达经济体推进科技创新的重要政策工具。

综上所述，从财政政策支持科技创新的理论与作用机理的研究来看，财政政策不仅是科学政策、技术政策以及创新政策中的重要政策变量，而且不同的财政政策工具，在不同的创新阶段发挥作用的方式和目的也各异，需要针对科技创新不同阶段的特点，有针对性地选取不同的财政政策工具，以达到最佳的激励科技创新的效果。

第4章 比较分析：新时代促进我国科技创新的财政政策现状分析

他山之石，可以攻玉。认识我国支持科技创新的财政政策处于一个什么阶段，存在什么问题，进一步发展趋势与发展方向是什么等很多问题，不仅需要对我国现有支持科技创新的财政政策措施进行梳理，而且更重要的是通过一个可比较的"参照系"来进行比较，只有这样，才有可能对我国支持科技创新的财政政策有一个清晰的认识。基于此，与世界上典型创新型国家支持本国科技创新的相关制度、政策、措施的比较就成为本书现状分析的主要内容。

4.1 我国与典型创新型国家支持科技创新的制度环境比较

制度是任何事业发展与机构有序运行的前提和基础，良好的制度设计不仅为人们提供良好的秩序和环境，而且通过在制度中体现出的相关政策内容，可以有效地对经济社会主体形成激励，推进政府政策目标的实现，科技创新发展亦然。20世纪七八十年代以来，科技创新在推进经济社会发展中的作用日益凸显，在此背景下，世界各国纷纷制定并出台了推进本国科技创新的战略规划和相关政策措施，其中，财政政策无疑是重要的政策工具和各种规划与政策关注的焦点。我国虽然发展较晚，但是，近年来也日益重视，并制定了相关的发展规划和政策措施。

4.1.1 我国支持科技创新的制度建设与财政政策内容

1. 从国家政策法规的角度来看

改革开放以来,我国党和政府高度重视科学技术事业的发展,不仅有党和国家领导人高屋建瓴的理论论述,而且也制定了一系列政策法规,借以推进我国科技创新的不断涌现,其中不乏财政政策支持科技创新的内容。

1985年实行的《中共中央关于科学技术体制改革的决定》中指出:"中央和地方财政的科学技术拨款,在今后一定时期内,应以高于财政经常性收入增长的速度逐步增加。"同时,指出要广开经费来源,鼓励部门、企业以及社会团体向科学技术投资。1988年发布的《国务院关于深化科技体制改革若干问题的决定》中进一步指出:"国家对基础研究经费的投入要随着财政收入的增长而不断增加。"

进入20世纪90年代以来,国家对于推进科技创新政策环境的建设日益重视,典型表现为加快了科技创新相关政策法规的建章立制,其中支持科技创新的财政政策的内容也日益丰富。例如,1993年制定的《中华人民共和国科学技术进步法》中指出:国家逐步提高科学技术经费投入的总体水平。全国研究开发经费应当占国民生产总值适当的比例,并逐步提高。1995发布的《中共中央、国务院关于加速科学技术进步的决定》中进一步指出:中央和地方每年财政科技投入的增长速度要高于财政收入的增长速度,一些经济较发达地区,科技投入的增长幅度要更大一些。同时还规定,中央和地方每年都要在基建拨款中安排一定数量的专项资金用于重点科研基地和重大科技工程建设。1996由财政部和国家税务总局联合发布的《关于促进企业技术进步有关财务税收问题的通知》中规定:各级财政部门要按照中共中央、国务院《关于加速科学技术进步的决定》,根据财政状况适当增加科技三项费用、技改拨款和技改贴息,支持企业进步;改进技改贴息办法,将技改贴息直接贴给企业,并把技改贴息资金的使用与技术进步和国家产业政策结合起来,重点用于新技术产业化,国有大中型企业的技术改进、引进技术的消化和吸收等;建立科技三项费用预决算制度,加强监督,并不断提高资金的使用效益。

此外，1996年颁布的《中华人民共和国促进科技成果转化法》中也指出：国家财政用于科学技术、固定资产投资和技术改造的经费，应当有一定比例用于科技成果转化；此外还规定科技成果转化的财政经费，主要用于科技成果转化的引导资金、贷款贴息、补助资金和风险投资以及其他促进科技成果转化的资金用途。

进入21世纪以来，我国不仅在相关的立法中对财政政策支持科技创新提出了新的政策措施，而且制定了推进科技创新的战略规划及配套政策措施，其中就包括财政政策。具体而言，主要体现在以下几个方面。2002年颁布的《中华人民共和国政府采购法》中指出：政府采购应当有助于实现国家的经济和社会发展政策目标，包括保护环境，扶持不发达地区和少数民族地区，促进中小企业发展等。政府采购应当采购本国货物、工程和服务。2010年发布的《中华人民共和国政府采购法实施条例（征求意见稿）》中明确指出：国务院财政部门应当围绕国家经济和社会发展目标，会同国务院有关部门制定政府采购政策和政府采购产品清单，通过优先或强制采购等措施，支持保护节能环保、自主创新产品，以及扶持中小企业、不发达地区和少数民族地区企业等。

2007年，修订后的《中华人民共和国科学技术进步法》就财政科技经费的增长机制做了明确的规定，指出国家财政用于科学技术经费的增长幅度，应当高于国家财政经常性收入的增长幅度。全社会科学技术研究开发经费应当占国内生产总值适当的比例，并逐步提高。此外，还对财政科技投入资金的用途做了规定：①科学技术基础条件与设施建设；②基础研究；③对经济建设和社会发展具有战略性、基础性、前瞻性作用的前沿技术研究、社会公益性技术研究和重大共性关键技术研究；④重大共性关键技术应用和高新技术产业化示范；⑤农业新品种、新技术的研究开发和农业科学技术成果的应用、推广；⑥科学技术普及。对利用财政性资金设立的科学技术研究开发机构，国家在经费、实验手段等方面给予支持。

此外，对推进科技创新具有重要意义的税收政策措施中，具有典型性的是2009年推行的增值税由生产型增值税向消费型增值税的转型，使得企业新购设备可以进行税收抵扣，进而推动了企业加速设备更新以及优先采用先进技术设备，确保企业用更先进的技术设备来生产产品，对企业竞争力的提升起到了相当大的推动作用。

2. 从发展规划的角度来看

我国于 2006 年颁布《国家中长期科学和技术发展规划纲要（2006—2020年）》，其中就财政政策支持科技创新做出了详细的规划，具体包括以下几点。①不仅提出要建立多元化、多渠道的财政科技投入政策体系，而且指出要使我国 R&D 经费投入占 GDP 的比例逐年提高，力争到 2010 年时，我国的财政科技投入达到 GDP 的 2%，到 2020 年达到 2.5%以上，并力争使我国的科技进步贡献率达到 60%以上，对外技术依存度降低到 30%以下。②调整和优化投入结构，提高科技经费使用效益，加强对基础研究、前沿技术研究、社会公益研究以及科技基础条件和科学技术普及的支持。③实施促进自主创新的政府采购。④就税收优惠方面，提出要加快实施消费型增值税，将企业购置的设备已征税款纳入增值税抵扣范围；积极鼓励和支持企业开发新产品、新工艺和新技术，加大对企业 R&D 经费投入的税前扣除力度；实施推进高新技术企业发展的税收优惠政策等措施。

除了规划，具体的落实也需要相关的配套政策支持。在规划发布后，国务院随即制定并出台了实施《国家中长期科学和技术发展规划纲要（2006—2020 年)》的若干配套政策，其中对促进科技创新的科技投入、税收激励以及政府采购等政策做了更加详细的规定。

一是就财政科技投入而言，不仅提出要加大财政科技投入力度，而且对财政投入主体、方向、结构、增长机制、管理机制等做了具体的规定。2012年，中共中央、国务院召开全国科技创新大会，作出《中共中央 国务院关于深化科技体制改革加快国家创新体系建设的意见》，围绕国家创新体系建设系统地谋划和部署了深化科技体制机制改革的新目标和新任务。党的十八大报告提出，科技创新是提高社会生产力和综合国力的战略支撑，必须摆在国家发展全局的核心位置；要大力推进创新驱动发展战略，要以全球视野谋划和推动创新发展，要牢牢把握新时期科技改革发展的战略任务，促进科技与经济更紧密地结合。2014 年《国务院关于扶持小型微型企业健康发展的意见》

具体包括如下内容。①鼓励地方政府将小微企业纳入中小企业的扶持资金范围，同时加大该项资金对小微企业创业基地建设的扶持力度。②减免税收，减免自用或国内不能生产的先进设备的关税。③鼓励小微企业吸纳就业困难人员，给予社会保险补贴。鼓励高校毕业生到小微企业就业。④鼓励政府设立的创业投资引导基金来支持小微企业发展，符合条件的小微企业可按规定享受小额担保贷款扶持政策。⑤完善小微企业融资担保政策。大力发展政府支持的担保机构，引导其提高小微企业担保业务规模，合理确定担保费用。⑥鼓励大型银行利用机构和网点优势，加大小微企业金融服务专营机构建设力度，各银行业金融机构在商业可持续和有效控制风险的前提下，单列小微企业信贷计划。⑦公共服务方面：一是提出建立支持小微企业发展的信息互联互通机制，通过统一的信用信息平台，汇集工商注册登记、行政许可、税收缴纳、社保缴费等信息，推进小微企业信用体系建设；二是大力推进小微企业公共服务平台建设。

2015年《国务院关于大力推进大众创业万众创新若干政策措施的意见》指出：①通过公平竞争市场环境的完善、商事制度改革的深化、创业知识产权保护的加强与创业人才培养与流动机制的健全来实现创业便利化；②加大财政资金支持和统筹力度，完善普惠性税收措施，发挥政府采购支持作用以强化创业扶持；③优化资本市场，创新银行支持方式，丰富创业融资新模式来实现便捷融资；④加快发展创业孵化服务，大力发展第三方专业服务，发展"互联网＋"创业服务以及研究探索"创业券、创新券"等公共服务新模式来构建创业生态；⑤引导和鼓励创业创新型城市完善环境，推动区域集聚发展，推动实施小微企业创业基地城市示范。2016年五部委发布的《关于推动小型微型企业创业创新基地发展的指导意见》则从用地政策、财政政策、金融政策以及税收优惠等方面提出了支持小型微型企业创新基地发展的政策。2016年中共中央、国务院印发了《国家创新驱动发展战略纲要》，提出了面向未来建设科技强国的宏伟目标，将科技创新摆在国家发展全局的核心位置，深化部署、全力推动，规划了到2030年新一批重大科技专项，系统部署了创新驱动发展战略的各项任务，着重强调政策支持，向着创新型国家迈出坚实步伐。

二是在税收优惠政策上,支持科技创新的相关政策措施主要体现在以下几个方面(见表 4-1)。

表 4-1 实施《国家中长期科学和技术发展规划纲要(2006—2020 年)》若干配套政策中的税收优惠政策

税收优惠主要的政策措施	政策内容
税收抵扣	加大对企业自主创新投入的所得税前抵扣力度。允许企业按当年实际发生的技术开发费用的 150% 抵扣当年应纳税所得额。实际发生的技术开发费用当年抵扣不足部分,可按税法规定在 5 年内结转抵扣。企业提取的职工教育经费在计税工资总额 2.5% 以内的,可在企业所得税前扣除
税收减免	国家高新技术产业开发区内新创办的高新技术企业经严格认定后,自获利年度起两年内免征所得税,两年后减按 15% 的税率征收企业所得税
加速折旧	允许企业加速研究开发仪器设备折旧。企业用于研究开发的仪器和设备,单位价值在 30 万元以下的,可一次或分次摊入管理费,其中达到固定资产标准的应单独管理,但不提取折旧;单位价值在 30 万元以上的,可采取适当缩短固定资产折旧年限或加速折旧的政策
进出口税收优惠	对符合国家规定条件的企业技术中心、国家工程(技术研究)中心等,进口规定范围内的科学研究和技术开发用品,免征进口关税和进口环节增值税;对承担国家重大科技专项、国家科技计划重点项目、国家重大技术装备研究开发项目和重大引进技术消化吸收再创新项目的企业进口国内不能生产的关键设备、原材料及零部件免征进口关税和进口环节增值税

三是在政府采购政策方面,也有相关的政策规定。诸如:①提出要对自主创新产品进行优先采购,同时规定了对本国自主创新产品采购的优先性;②提出要建立我国自主科技创新产品的认证制度、认定标准和评价体系;③提出要建立我国自主创新产品的"首购"制度等。寄望通过倾斜性的

政府采购政策措施来支持我国的科技创新。

3. 从配套政策措施建设来看

为进一步鼓励科技创新，一是我国先后制定了"863""973""国家科技攻关计划"等国家级科学技术计划，并明确提出财政支持计划的推进落实。二是我国在1999年发布实施了《国家科学技术奖励条例》，随即，国家在2000年设立了最高科学技术奖，实质上也是通过财政政策对科技创新主体的奖励，进而推进科技创新的举措。三是2010年《国家中长期人才发展规划纲要（2010—2020年）》颁布实施，其中指出：①各级政府要优先保证对人才发展的投入，确保国家教育、科技支出增长幅度高于财政经常性收入增长幅度；②要进一步增加人才发展资金的投入力度，保证人才发展重大项目的实施，要用税收优惠、财政补贴等政策措施鼓励社会和用人单位进行人力资源开发；③提出要实施有利于科研人员潜心研究和创新的政策措施，如依据科研院所、高等学校、企业建立符合此类人力资源发展的职业路径，并使其享有相应的社会地位和经济待遇，扩大此类机构的用人自主权和经费使用自主权，改进科技评价和奖励方式，加大对基础研究、前沿技术研究以及社会公益类研究机构的资金投入力度，建立以财政性资金设立科研机构的创新综合绩效评价制度；完善资金管理办法，对高水平研究团队给予长期的稳定支持；健全科研院所激励分配机制，使得科技资源向关键岗位和拔尖人才倾斜等。以上措施的实施，实质上是为我国的科技创新集聚和培养人才。

此外，2010年颁布的《国家中长期教育改革和发展规划纲要（2010—2020年）》中，不仅对我国教育发展做出了全面规划，而且提出支持高等学校参与和设立国际学术组织、国际科学计划，支持与境外高水平教育、科研机构建立联合研发基地，以进一步推进我国科技创新。实质上，从我国经济社会发展的长期来看，这也是一种提升我国科技创新能力的重要举措。

综上所述，以上制度、政策与意见普遍呈现出以下特点：一是政策的综合性强，覆盖面广，既有横向扶持政策，又有纵向扶持政策，同时还提出要加强创业创新环境优化与平台建设方面的政策，可以说已经覆盖到了科技创新的方方面面；二是从新出台的制度与政策可以看出，每一项具体政策措施都附有负责部门,实现了责任明确。因此,则可以有效破除制约科技创新的"隐性门槛"和"玻璃门",保证中央政府各项支持科技创新的政策有效落地。

4.1.2 创新型国家支持科技创新的制度及财政政策内容

对世界上公认的典型创新型国家,如美国、德国、日本、韩国、英国、法国等各国,其不仅有完善的国家创新体系来支撑本国的科技创新,而且近年来这些国家也陆续推出了一系列政策法规和战略规划来推进本国的科技创新,借以提升本国的国际竞争力。在相关的政策法规当中,典型创新型国家对财政支持科技创新制定了指导性或者强制性的规定。例如美国在《国家科学技术政策、组织、重点法》中对财政政策支持科技创新的规定,既包括总的投资原则,又对实现该法若干目标的拨款金额都做了具体规定。同时,美国历任总统都极其重视政府对科技创新的支持,如克林顿执政期间制定了R&D经费达到GDP的3%左右的指导性计划;小布什政府于2002年签署了NSF(国家科学基金会)预算五年翻番的计划法令;奥巴马政府于2011年制定的《美国创新战略:确保美国经济增长与繁荣》中,就财政政策支持美国创新的实现战略给出了明确的指导意见:①为3个关键的研究机构——国家科学基金会、能源部科学局和美国国家标准与技术研究院提供双倍资助;②加强研发投入,使其达到占国内生产总值比重的3%;③投资进行先进的基础设施建设;④实施研究与实验税收简化、减免的政策,并使之永久化等财政政策措施。

欧盟在2002年的巴塞罗那《关于使研发经费占GNP 3%的行动计划》中,明确要求各成员国到2010年将研发投入增至占GNP的3%。此外,2010年欧洲发布了《欧洲2020:智能、可持续及包容性增长战略》,其中明确提出欧洲要发展基于知识和创新的经济,使欧洲的R&D经费投入占欧盟GDP的比例达到3%。

法国政府于20世纪80年代初期就颁布了历史上第一部科技法,即《1982—1985年科技指导与规划法》,以法律的形式对科研经费占国民生产总值的比重、科研经费的年增长率等做出了明确的规定,规定到1985年使政府的科研经费达到法国国内生产总值的2.5%(丁学东,2007)。2009年7月,法国政府又制定了第一个《国家研究与创新战略》，提出到 2012 年实现研发投入占国内生产总值 3% 的目标，并确定三大优先领域健康、福祉、食品与生物技术；环境、健康、安全等领域重大突发事件的应对技术；信息、通信和纳米技术（丁学东，2007）。

英国政府在 2004 年制定并发布了《科学与创新投入框架（2004—2014）》的 10 年规划，其中明确规定，在今后要将科学与技术的投入置于其他投入之上，并高于经济增长的速度，确保到 2014 年时，使政府的 R&D 经费投入占 GDP 的比例达到 2.5%（丁学东，2007）。在 2010 年又发布了《英国的科研愿景》，强调指出英国要在具有优势的领域继续保持优先；在人才保障方面，提出一方面要大力吸引世界上的优秀科研人才，另一方面加大对本国科研人才的培养；在教育系统中将科学和研究深深地植入英国的文化当中，并加大对科研人员的投资来激励和支持他们的创造力。

德国政府在 2009 年发布的《2009 研究、创新和技术能力鉴定报告》中指出了德国研究与创新政策的核心任务，排在第一位的就是教育、研究与创新，并明确指出政府要加大对教育、研究与创新的投入（汪凌勇，2009）。2010 年，德国联邦政府又通过了《思想、创新、增长——德国 2020 高技术战略》，这是自 2006 年德国第一个高技术战略规划后，对德国经济发展的又一个总体规划，其中明确指出：解决德国经济、金融政策风险的主要途径在于依靠研究新技术来扩大创新。基于此，联邦政府和各州政府一致同意，到 2015 年，使得德国政府用于教育和科研的投入占 GDP 的比例达到 10%。此外，为营造创新的环境，提升德国企业的创新能力，提出为中小企业的创新融资提供便利、建立具有国际竞争力的风险投资和股权投资条件以及采取创新指向的公共采购等政策措施来支持德国的科技创新。

日本政府不仅于 1995 年制定了《科学技术基本法》，而且在 1996 年依据《科学技术基本法》制定了第一期《科学技术基本计划》。此后，依据国内外经济形势，每 5 年推出一期科学技术基本计划。截至目前，已经进入其第五期执行阶段。需要说明的是，在每一期的《科学技术基本计划》中，日本政府都对财政支持科技创新提出了明确的规定，如第一期计划提出政府投入

17.6万亿日元；二期为24万亿日元；三期为25万亿日元（曹勇 等，2009）。在其第五期《科学技术基本计划》中，不仅提出要整合日本的科技创新政策，增加对人力资源的关注，组织对他们的研究活动给予支持，努力实现政策的制定与执行与社会需求相一致；而且指出在其第五期科学技术基本计划执行期间，使得公共部门和私人部门的R&D经费投入增加到占GDP的4%以上，其中政府增加的投入要达到1%以上。

韩国政府从20世纪60年代起，先后制定并颁布了一系列保障科技创新的法律法规和战略规划。例如《科学技术促进法》《科学家教育法》《技术开发促进法》《技术评估法》等法律。尤其是2001年颁布的《科技框架法》，内容包含29种法律，涵盖了科技创新的方方面面，为韩国的科技创新提供了强有力的法律保证。

此外，韩国政府还通过制定科技创新战略来推进科技创新，其中就财政政策支持科技创新做出了明确的规定。例如在2000年批准的《科技发展长远规划2025年构想》中，指出到2025年，使得韩国的研发投资达到800亿美元，R&D经费投入增加到占GDP的4%，研究开发经费占政府预算的比例达到5%。2010年韩国政府制定并发布了《大韩民国的梦想与挑战：科学技术未来愿景与战略》。其中明确提出到2040年，使韩国跻身世界五大科技创新强国，国家研发投入占GDP的比例从2010年的3.37%提高到2040年的5%，将全球大学排名前100强的韩国大学数量从2010年的两所，提高到2040年的10所以上，将韩国的支柱产业从目前的半导体、汽车、造船与信息通信业转型为2040年的生物制药、新材料、清洁能源和机器人产业。

在总体规划指导下，韩国政府还每隔5年制定一次《科学技术基本计划》，其中都对财政政策支持科技创新提出了明确的规定。例如在《科学技术基本计划（2008—2012）》中，不仅提出到2012年时韩国的财政科技投入强度达到5%的水平，而且规定了具体的支持领域，尤其指出要加强对基础研究的财政支持，使政府对基础研究的研发投入占政府研发投入的比例由2008年的25%增加到50%（任真，2012）。

综上所述，近年来世界上典型创新型国家对科技创新日益重视。不仅制定了相关的法律法规、规划以及政策措施为科技创新提供保障，而且都不同程度地加大了政府对科技创新的财政支持力度，规定了财政科技投入占GDP份额的强度指标，为科技创新提供强有力的制度保障和财力支持，进而实现推进科技创新的目标。

4.1.3 国内外支持科技创新的制度环境及财政政策比较

从以上我国和典型创新型国家科技创新的制度环境和相关财政政策的比较来看，目前世界上公认的创新型国家不仅制定了相关的法律法规保障国家科技创新的实现，而且，基本都制定了推进科技创新的战略规划，明确了科技创新的重要领域以及相关的政策措施。此外，从近几年发达国家制定的科技创新战略规划的相关内容来看，主要有以下特点。

（1）体现出系统性、全面性、综合性的特点，不仅涉及从教育体制以及教育内容革新来着手培养适合本国科技创新的人才，而且更加重视科技类、工程技术类人力资源的开发与培养。比如美国的STEM[①]教育，美国政府明确提出要通过财政资金支持相关教育的发展，通过这种方式，使科研与创新深深植根于本国的文化当中，来推进科技创新的不断涌现。

（2）注重对科技创新环境的塑造，以吸引世界上优秀的科技人才参与本国的创新开发活动。

（3）都提出要不断加强财政科技投入，尤其是加强对基础研究的投入，并不断提高财政科技投入强度，为本国的科技创新提供强有力的资金支持和保障。

（4）通过政府财政奖励的方式加大对科技创新活动主持者和参与者的激励与支持。

对此，我国也不例外。从我国公布的《国家中长期科学和技术发展规划纲要（2006—2020年）》及其配套政策措施来看，其基本内容和方向体现出与国际接轨的趋势，与世界上创新型国家的科技创新战略规划及其相应的政策

---

① STEM：Science，Technology，Engineering，Mathematics，指的是科学、技术、工程和数学教育。

措施并无较大差异,只是在相关的重点研究领域方面有所差别而已。

4.2 我国与典型创新型国家支持科技创新的支出政策比较

目前,我国推进科技创新的财政支出政策主要包括三类:一是财政科技投入;二是政府采购政策;三是政府风险投资政策。以下分别就三类政策措施在我国的具体运用现状进行分析和国际比较。

4.2.1 财政科技投入状况比较

财政科技投入政策主要有财政直接投入政策和财政补贴政策。就目前推进的我国科技创新的财政政策实践来看,运用较多的是财政直接投入政策,财政补贴政策使用相对较少。以下就我国推进科技创新的财政科技投入政策的现状进行分析。

1. 我国财政科技投入现状

要对我国的财政科技投入有一个清晰的认识,需要从我国财政科技投入的规模、总体结构和执行情况三个方面进行分析判断。

(1) 从财政科技投入[①]的规模来看。进入 21 世纪以来,我国的财政科技投入水平随着我国经济社会的发展不断上升,主要表现如下。

一是我国的财政科技拨款数额近年来不断提高(见表 4-2),资金投入数额从 2000 年的 575.60 亿元增加到 2017 年的 8 383.60 亿元,规模扩大了 14 倍之多,财政科技拨款数额逐年提高。2013 年之前财政科技拨款增长率几乎都高于同时期的财政支出增长率。财政科技投入力度的加大,不仅是我国经济社会快速发展的必然现象,而且充分显示了我国政府对科技投入和科技创新的重视。

---

① 财政科技投入:参见贾康等,《建设创新型国家的财税政策与体制变革》,中国社会科学出版社,2011 年版,第 159 页,数据依据中国统计年鉴整理所得。

表4-2 2000—2017年国家财政科技拨款规模情况

单位：亿元，%

年份	财政总支出	财政科技拨款	财政科技拨款增长率	财政支出增长率	科技拨款占财政支出的比例	科技拨款占GDP的比例
2000	15 886.50	575.60	5.83	20.50	3.62	0.57
2001	18 902.60	703.30	22.19	19.00	3.72	0.63
2002	22 053.20	816.20	16.60	16.70	3.70	0.67
2003	24 650.00	944.60	11.78	11.80	3.83	0.69
2004	28 486.90	1 095.30	15.57	15.60	3.84	0.68
2005	33 930.30	1 334.90	19.11	19.10	3.93	0.71
2006	40 422.70	1 688.50	19.13	19.10	4.18	0.77
2007	49 781.40	2 113.50	18.44	23.20	4.25	0.78
2008	62 592.70	2 581.80	26.28	25.70	4.12	0.81
2009	76 299.90	3 224.90	24.90	21.90	4.23	0.92
2010	89 874.20	4 114.40	27.60	17.80	4.58	1.00
2011	109 247.80	4 902.60	19.20	21.60	4.49	1.00
2012	125 953.00	5 600.10	16.70	15.30	4.45	1.04
2013	140 212.10	6 184.90	10.40	11.30	4.41	1.04
2014	151 785.60	6 454.50	4.40	8.30	4.25	1.00
2015	175 877.80	7 005.80	8.50	13.20	3.98	1.02
2016	187 755.20	7 760.70	10.80	6.30	4.13	1.04
2017	203 085.50	8 383.60	8.00	7.60	4.13	1.01

数据来源：依据历年《中国科技统计公报》整理。

同时，我国科技拨款占财政总支出与GDP的比例也逐年提高，如图4-1所示。对此，从某种程度上来讲，不仅表明我国政府日益重视科技创新，而且也是对财政政策在支持科技创新中所发挥重要作用的有力回应。

二是财政科技投入的规模也可以从R&D经费及其经费的筹集情况中反映

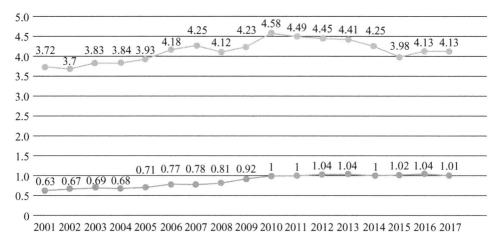

图4-1 2001—2017年中央和地方财政科技拨款变化情况

数据来源:根据国家统计局历年全国科技经费投入统计公报整理。

出来。从我国2003—2016年的R&D经费支出和来源构成情况来看,我国财政科技投入规模逐年提高,R&D经费从2003年的1 539.60亿元增加到2016年的15 966.34亿元,R&D投入强度从2003年的1.13%提高到2016年的2.11%(见表4-3)。此外,2003年以来,无论是来自政府的资金,还是来自企业和国外的科技投入资金都有较大幅度提高。

表4-3 2003—2016年全国R&D经费支出、来源构成情况

单位:亿元,%

年份	经费总额	占GDP比例	政府资金	企业资金	国外资金	其 他
2003	1 539.60	1.13	460.60	925.40	30.00	123.80
2004	1 966.30	1.23	523.60	1 291.30	25.20	126.20
2005	2 450.00	1.33	645.40	1 642.50	22.70	139.40
2006	3 003.10	1.39	742.10	2 073.70	48.40	138.90
2007	3 710.20	1.40	913.50	2 611.00	50.00	135.80
2008	4 616.00	1.47	1 088.90	3 311.50	57.20	158.40
2009	5 802.11	1.70	1 358.27	4 162.70	78.10	203.00

续表

年份	经费总额	占 GDP 比例	政府资金	企业资金	国外资金	其他
2010	7 062.58	1.76	1 696.30	5 063.10	92.10	211.00
2011	8 687.00	1.84	1 882.97	6 420.60	116.20	267.20
2012	10 298.41	1.98	2 221.39	7 625.00	100.40	351.60
2013	11 847.18	1.99	2 500.94	8 838.00	105.44	36.62
2014	13 016.44	2.02	2 635.83	9 817.00	108.04	455.58
2015	14 560.82	2.06	3 095.63	10 881.30	107.75	476.14
2016	15 966.34	2.11	3 199.65	12 144.00	105.38	518.91

数据来源：根据国家统计局历年全国科技经费投入统计公报整理。

（2）从财政科技投入的总体结构来看。近年来，随着地方经济实力的增强，地方政府财政科技支出的规模也不断扩大。需要说明的是，虽然我国财政科技投入总规模不断上升，但是，就总的投入比例而言，中央政府的财政科技投入规模在全国财政科技总投入规模中的比例正在逐步下降。2000 年我国的财政科技总支出为 575.60 亿元，其中中央财政拨款为 349.56 亿元，占总拨款数的比例为 60.70%，地方为 226.04 亿元，占总拨款数的比例为 39.30%。在 2007、2008、2009 三年当中，中央和地方财政科技投入规模基本趋于一致，其后，中央财政科技投入规模逐年下降（见表 4-4）。

表 4-4 2000—2017 年中央和地方财政科技投入数额表

单位：亿元，%

年份	国家科技财政投入	中央财政科技投入	中央财政科技投入比例	地方财政科技投入	地方财政科技投入比例
2000	575.60	349.56	60.70	226.04	39.30
2001	703.30	444.35	63.20	258.95	36.80
2002	816.22	511.20	62.60	305.02	37.40
2003	944.60	609.01	64.50	335.59	35.50
2004	1 095.30	692.39	63.20	402.91	36.80

续表

年份	国家科技财政投入	中央财政科技投入	中央财政科技投入比例	地方财政科技投入	地方财政科技投入比例
2005	1 334.91	807.82	60.50	527.09	39.50
2006	1 688.50	1 009.70	59.80	678.80	40.20
2007	2 135.70	1 044.10	48.90	1 091.60	51.10
2008	2 611.00	1 287.20	49.30	1 323.80	50.70
2009	3 276.80	1 653.30	50.50	1 623.50	49.50
2010	4 196.70	2 052.50	48.90	2 144.20	51.10
2011	4 797.00	2 343.30	48.80	2 453.70	51.20
2012	5 600.10	2 613.60	47.70	2 986.50	52.30
2013	6 184.90	2 728.50	44.12	3 456.40	55.88
2014	6 454.50	2 899.20	44.92	3 555.40	55.08
2015	7 005.80	3 012.10	42.99	3 993.70	57.01
2016	7 760.70	3 269.30	42.13	4 491.40	57.87
2017	8 383.60	3 421.50	40.81	4 962.10	59.19

数据来源：根据国家统计局历年全国科技经费投入统计公报整理。

需要强调的是，从 2010 年开始，我国地方政府的财政科技投入规模已经超过中央政府的财政科技投入规模。例如 2010 年地方投入占总规模的比例为 51.10%，2011 年为 51.20%，2012 年为 52.30%。这充分表明我国的财政科技投入结构由原来的中央政府财政投入为主体，正转变为中央和地方共同投入的"双主体"投入结构，如图 4-2 所示。

此外，由于我国区域经济发展差异较大，不同经济发展程度地区的财政科技投入力度与强度也不同。以 2016 年为例（见表 4-5），分地区来看，我国东部地区 R&D 经费支出 10 689.30 亿元，约占 R&D 经费总支出的 68%；中部地区 R&D 经费支出 2 378.00 亿元，约占 R&D 经费总支出的 15%；西

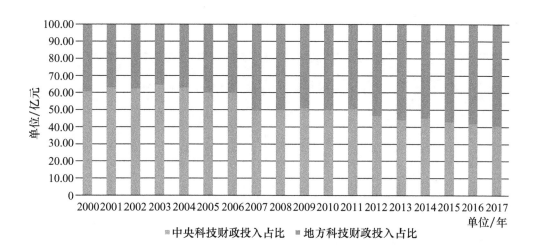

图4-2 2000—2017年中央和地方财政科技拨款情况

数据来源：根据国家统计局历年全国科技经费投入统计公报整理。

部地区的R&D经费支出1 944.30亿元，约占R&D经费总支出的12.4%；东北地区R&D经费支出664.90亿元，约占R&D经费总支出的4.2%。分省来看，北京、天津、上海、江苏、浙江、山东、广东、陕西等地的R&D经费投入强度基本在2%以上，其中北京最高，达到5.96%。从以上这些地区的实际经济条件来看，无疑这些地区都是我国经济较为发达地区，同时，从表中也发现，这些地区的R&D经费投入资金来自企业的资金所占比例也相对较高。此外，就经济欠发达地区的省份来看，R&D经费投入力度和强度都相对较低。比如就内蒙古、吉林、广西、海南、贵州、西藏、青海、宁夏、新疆等地的R&D经费投入强度来看，基本都处在1%以下。以上这种财政科技投入政策支持科技创新的格局充分表明，经济发展程度与一省的财政科技投入力度与强度呈现出一定的正相关关系，经济发展越好的地区，财政科技投入的力度越大，强度也越大，而经济欠发达地区则相反。

表 4-5　2016 年各地区按资金来源 R&D 经费支出与投入强度

单位：亿元，%

地　　区	R&D 经费支出	政府资金	企业资金	国外资金	其　　他	R&D 经费投入强度
全国	15 676.70	3 141.61	11 923.69	103.46	509.49	2.11
东部地区	10 689.30	2 142.13	8 130.28	70.54	347.40	—
中部地区	2 378.00	476.55	1 808.70	15.69	77.28	—
西部地区	1 944.30	389.63	1 478.83	12.83	63.18	—
东北地区	664.90	133.24	505.72	4.38	21.60	—
北京	1 484.60	297.51	1 129.18	9.79	48.24	5.96
天津	537.30	107.67	408.67	3.54	17.46	3.00
河北	383.40	76.83	291.61	2.53	12.46	1.20
山西	132.60	26.57	100.85	0.87	4.30	1.03
内蒙古	147.50	29.55	112.18	0.97	4.79	0.79
辽宁	372.70	74.68	283.47	2.45	12.11	1.69
吉林	139.70	27.99	106.25	0.92	4.54	0.94
黑龙江	152.50	30.56	115.99	1.00	4.95	0.99
上海	1 049.30	210.27	798.09	6.92	34.10	3.82
江苏	2 026.90	406.19	1 541.66	13.37	65.87	2.66
浙江	1 130.60	226.57	859.93	7.46	36.74	2.43
安徽	475.10	95.21	361.36	3.13	15.44	1.97
福建	454.30	91.04	345.54	2.99	14.76	1.59
江西	207.30	41.54	157.67	1.36	6.73	1.13
山东	1 566.10	313.84	1 191.17	10.33	50.89	2.34
河南	494.20	99.03	375.88	3.26	16.06	1.23
湖北	600.00	120.24	456.36	3.96	19.50	1.86
湖南	468.80	93.94	356.56	3.09	15.23	1.50

续表

地 区	R&D 经费支出	政府资金	企业资金	国外资金	其 他	R&D 经费投入强度
广东	2 035.10	407.83	1 547.89	13.43	66.14	2.56
广西	117.70	23.58	89.52	0.77	3.82	0.65
海南	21.70	4.34	16.50	0.14	0.70	0.54
重庆	302.20	60.56	229.85	1.99	9.82	1.72
四川	561.40	112.50	427.00	3.70	18.24	1.72
贵州	73.40	14.70	55.82	0.48	2.38	0.63
云南	132.80	26.61	101.00	0.87	4.31	0.89
西藏	2.20	0.44	1.67	0.01	0.07	0.19
陕西	419.60	84.08	319.14	2.76	13.63	2.19
甘肃	87.00	17.43	66.17	0.57	2.82	1.22
青海	14.00	2.80	10.64	0.09	0.45	0.54
宁夏	29.90	5.99	22.74	0.19	0.97	0.95
新疆	56.60	11.34	43.04	0.37	1.83	0.59

数据来源：根据国家统计局全国科技经费投入统计公报整理。

(3) 从我国财政科技投入的执行情况来看。近年来，我国的R&D经费支出不断增加，强度不断提高，结构不断优化。以2016年为例，我国的R&D经费支出的总规模达到了15 676.70亿元，R&D经费支出的资金主要来源于政府投资、企业投资、国外资金以及其他投向科技创新的资金，经费主要投向了与科技创新紧密相关的企业、政府、高等学校以及其他一些与科技创新相关的机构（见表4-6）。

表 4-6　2016 年全国 R&D 经费支出执行情况

单位：亿元

项　　目	R&D 内部经费	政府资金	企业资金	国外资金	其他资金
全国	15 676.70	3 140.90	11 923.30	103.20	509.20
企业	12 144.00	449.70	11 497.60	92.80	103.90
研发机构	2 260.20	1 851.60	90.40	3.90	314.10
高等学校	1 072.10	687.80	310.40	6.10	68.00
其他机构	200.40	151.70	25.10	0.40	23.10

数据来源：依据《中国科技统计年鉴 2017》整理。

具体而言，从 2016 年我国 R&D 经费的来源结构来看，来自企业的 R&D 经费占总经费数额的 76.06%，政府的 R&D 经费占 20.03%，两项合计占到 96.09%，如图 4-3 所示。由此可知，目前我国 R&D 经费的投资主体主要是企业和政府机构。

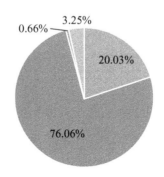

图 4-3　2016 年我国 R&D 经费的来源结构

此外，从 2016 年我国的 R&D 经费的支出结构来看，经费主要投向了企业、研发机构和高等学校，其中企业获得 R&D 经费占到总经费额的 77.50%，研发机构获得经费额占 14.40%，高等学校占 6.80%，如图 4-4 所示。由此可以看出，目前我国的研究开发项目主要由企业、研发机构以及高等学校来承担。

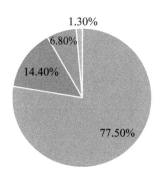

图4-4 2016年我国R&D经费的支出结构

从2003—2017年我国R&D经费支出的具体事项来看，试验发展阶段所获得经费占R&D经费总量的70%以上，特别是2007年以来，这一比例达到80%以上。相比较而言，虽然我国的基础研究和应用研究经费总量逐年上升，基础研究经费由2003年的87.65亿元增加到2017年的975.50亿元，应用研究经费由2003年的311.45亿元增加到2017年的1 849.20亿元，但是我国基础研究和应用研究所获得经费占总经费额的比例却整体呈现下降的态势（见表4-7）。

表4-7 2003—2017年我国R&D经费支出情况

单位：亿元，%

年份	R&D经费	基础研究	比例	应用研究	比例	试验与发展	比例
2003	1 539.63	87.65	5.69	311.45	20.23	1 140.52	74.08
2004	1 966.33	117.18	5.96	400.49	20.37	1 448.67	73.67
2005	2 449.97	131.21	5.36	433.53	17.69	1 885.24	76.95
2006	3 003.10	155.76	5.19	488.97	16.28	2 358.37	78.53
2007	3 710.24	174.52	4.70	492.94	13.29	3 042.78	82.01
2008	4 616.02	220.82	4.78	575.16	12.46	3 820.04	82.76
2009	5 802.11	270.29	4.66	730.79	12.60	4 801.03	82.74
2010	7 062.58	324.49	4.59	893.79	12.66	5 844.30	82.75

续表

年份	R&D 经费	基础研究	比例	应用研究	比例	试验与发展	比例
2011	8 687.00	411.81	4.74	1 028.40	11.84	7 246.80	83.42
2012	10 298.41	498.81	4.84	1 161.97	11.28	8 637.63	83.88
2013	11 846.60	555.00	4.70	1 269.10	10.70	10 022.50	84.60
2014	13 015.60	613.50	4.70	1 398.50	10.80	11 003.60	84.50
2015	14 169.90	716.10	5.10	1 528.70	10.80	11 925.10	84.10
2016	15 676.80	822.90	5.20	1 610.50	10.30	13 243.40	84.50
2017	17 606.10	975.50	5.50	1 849.20	10.50	14 781.40	84.00

数据来源：依据历年《中国统计年鉴》整理。

2. 世界典型创新型国家财政科技投入现状

从世界上典型创新型国家财政科技政策来看，主要特点如下。

(1) 财政政策支持科技创新的规模日益加大。进入21世纪以来，典型创新型国家陆续制定了推进本国科技创新的战略规划，且其中大都提出要加大对本国科技创新的财政支持。此外，就典型创新型国家推进科技创新的实际财政规模来说，部分国家支持力度并不低，如美国2016年的R&D经费投入就高达4 643.24亿美元，占美国GDP的2.74%；日本2016年的R&D经费投入为1 494.95亿美元，占日本GDP的比例为3.14%；德国2016年的R&D经费投入为1 040.75亿美元，占德国GDP的比例为2.93%；法国2016年的R&D经费投入为557.8亿美元，占法国GDP的比例为2.25%；韩国2016年的R&D经费投入为759.29亿美元，占韩国GDP的比例为4.23%等。相比之下，我国2016年的R&D经费投入为4 101.88亿美元，占我国GDP的比例为2.11%，2017年这一比例提高到2.13%，具体比较数据如图4-5所示。总体上看，我国R&D经费投入的绝对量近年来大幅度增长，但是，从投入强度看，依然低于世界主要经济体。

(2) 从典型创新型国家R&D经费支出的活动类型来看，基础研究的投入占比相对较高。例如美国、日本、韩国、意大利、俄罗斯以及法国等国投向

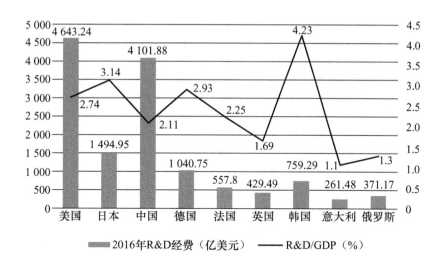

图 4-5　中国与典型创新型国家 R&D 投入规模比较

基础研究的经费占 R&D 经费的比例几乎都在 10% 以上，其中法国和意大利投向基础研究的经费占 R&D 经费的比例超过了 30%，而中国在 2016 年这一比例为 5.20%，远低于典型创新型国家，如图 4-6 所示。

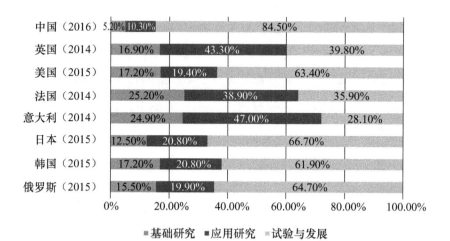

图 4-6　中国与典型创新型国家 R&D 经费按活动类型的比较

资料来源：2017 中国科技统计年鉴。

（3）企业是 R&D 经费投入的主体，典型创新型国家 R&D 经费投入当中，企业经费投入基本都在 50% 以上。对此，我国也不例外。但是我国与典型创新型国家存在明显差异的是，典型创新型国家对高等学校的投入相对较高，如图 4-7 所示。

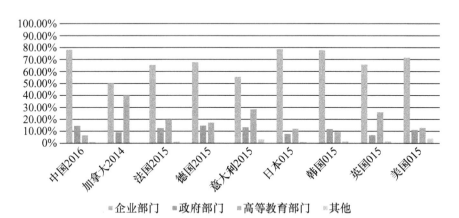

图 4-7　中国与典型创新型国家 R&D 经费支出按执行部门分配的比较

资料来源：2017 中国科技统计年鉴。

综上所述，就我国的财政科技投入政策与典型创新型国家的比较来看，体现出以下三个典型特征：一是财政科技投入规模随着 GDP 的增长而不断增长，这一趋势不论是发达国家，还是我国都是如此；二是相对典型创新型国家而言，我国投向基础研究的经费相对较少；三是虽然企业是 R&D 经费投向的主体，但是，典型创新型国家投向高等学校的经费占比相对较高，而我国的这一比例则相对较低。

4.2.2　政府采购政策状况比较

政府采购政策对科技创新的促进作用主要体现在扩大了创新产品的市场需求。目前，世界上创新型国家基本都建立起了推进本国科技创新的政府采购制度。对此，我国也不例外，但是，我国的政府采购制度建设起步相对较晚，1995 年上海市才开始进行政府采购试点工作，2002 年《中华人民共和国政府采购法》的颁布，标志着政府采购制度在我国正式建立。然而制度建立之初，对于通过政府采购推进科技创新在相关的制度和政策中并没有具体体现。近年来，随着经济社会的发展，我国的政府采购规模逐步扩大，政府采购金额已由2002年的1 009.6亿元增加到2017年的32 114.3亿元，占财政总支出的比例由4.6%提高到15.8%（见表4-8）。

表4-8 2002—2017年我国政府采购情况

单位：亿元，%

年份	政府采购规模	财政总支出	占财政支出的比例
2002	1 009.6	22 053.2	4.6
2003	1 659.4	24 650.0	6.7
2004	2 135.7	28 486.9	7.5
2005	2 927.6	33 930.3	8.6
2006	3 681.6	40 422.7	9.1
2007	4 660.0	49 565.4	9.4
2008	5 990.9	62 592.7	9.6
2009	7 413.2	76 299.9	9.7
2010	8 422.0	89 874.2	9.4
2011	11 332.5	109 247.8	10.4
2012	13 977.7	125 953.0	11.1
2013	16 381.1	140 212.1	11.7
2014	17 305.3	151 785.6	11.4
2015	21 070.5	175 877.8	12.0
2016	31 089.8	187 755.2	16.6
2017	32 114.3	203 085.5	15.8

数据来源：中国历年统计年鉴、中国政府采购网、财政部网站整理。

从我国政府采购规模的发展趋势来看，我国的政府采购规模不断加大，采购比例占财政支出的比例持续上升，如图4-8所示。这充分表明，我国应用政府采购政策来支持国家重点领域发展的潜力巨大，通过政府采购，不仅有利于促进我国相关行业或产业的发展，而且也为我国制定支持科技创新的财政政策提供了相应的政策空间。

近年来，随着经济实践的不断深入，我国政府对政府采购政策作用的认识也不断深入，表现在国家政策中，具有典型意义的是，已经开始出现通过政府采购政策推进科技创新的相关内容和政策诉求。这一点，在我国近年来制定的一系列支持科技创新的政策、法规的相关内容中体现得非常充分。

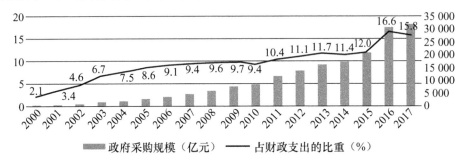

图 4-8　2000—2017 年政府采购规模变化情况

首先，从我国推进科技创新的政府采购制度建设来看，相关的法律、法规、制度、政策建设已经取得了较大的进步。在我国颁布的《中华人民共和国政府采购法》《中华人民共和国科学技术进步法》《国家中长期科学和技术发展规划纲要（2006—2020 年）》以及其实施的配套政策等法律、规划、政策措施中，就利用政府采购政策来支持科技创新做出了具体的要求，并制定了具体的政策文件，相关政策内容前已述及，不再赘述。除此之外，近年来，我国又陆续出台了一系列相关的政策措施，以确保通过政府采购支持科技创新的相关法律、法规以及政策内容的落实（见表 4-9）。

表 4-9　我国支持科技创新的政府采购政策情况

政策名称	文件号	发布时间	主要政策内容
《国家自主创新产品认定管理办法（试行）》（自 2011 年 7 月 10 日起已停止执行）	国科发计字〔2006〕539 号	2006.12.26	明确了自主创新产品认定评价工作的制度、依据、方法、认定程序和标准；规定了申请和认定步骤，提出建立国家创新产品目录

续表

政策名称	文件号	发布时间	主要政策内容
《政府采购进口产品管理办法》	财库〔2007〕119号	2007.12.27	政府采购应当采购本国产品,确需采购进口产品的,实行审核管理;采购进口产品时,应当坚持有利于本国企业自主创新和吸收核心技术原则,优先购买向我方转让技术、提供培训服务以及其他补偿贸易措施的产品
《自主创新产品政府首购和订购管理办法》(自2020年1月19日起停止执行)	财库〔2007〕120号	2007.12.27	国内企业或科研机构生产或开发的、暂不具有市场竞争力,但具有潜在生产能力并质量可靠,符合经济发展要求,代表先进生产力方向,符合现行国家法律、行政法规和政策规定的首次投向市场的产品,通过政府采购方式由采购人或政府首先采购;对创新程度高,涉及产品生产的核心技术和关键工艺,或者应用新技术原理、新设计构思,在结构、材质、工艺等方面对原有产品有根本性改进,能显著提高产品性能,或者能在国内外率先提出技术标准,具有潜在经济效益和市场前景或能替代进口产品,符合国家法律、行政法规以及国家产业、技术等政策的产品,通过政府采购方式面向全社会确定研发和生产机构
《政府采购促进中小企业发展暂行办法》	财库〔2011〕181号	2011.12.29	政府采购活动不得以注册资本金、资产总额、营业收入、从业人员、利润、纳税额等供应商的规模条件对中小企业实行差别待遇或者歧视待遇;在满足机构自身运转和提供公共服务基本需求的前提下,应当预留本部门年度政府采购项目预算总额的30%以上,专门面向中小企业采购,其中,预留给小型和微型企业的比例不低于60%。对小型和微型企业产品的价格给予6%~10%的扣除,用扣除后的价格参与评审,具体扣除比例由采购人或者采购代理机构确定

资料来源:依据政府相关部门的文件整理。

需要说明的是，近年来关于我国政府采购的机构设置、信息公开、电子化、规范化等多个方面也取得了长足的发展，为政府采购政策的有效执行提供了强有力的平台。

其次，从我国政府采购推进科技创新的实践来看，由于相关的政策措施刚刚起步，目前，我国依靠政府采购政策支持本国科技创新产品的政策措施还很不完善，相关规定比较模糊。例如《中华人民共和国政府采购法》中规定：政府采购应当有助于实现国家的经济和社会发展政策目标、促进中小企业发展，政府采购应当采购本国货物、工程和服务等内容。但是，如何界定"国产"，外国投资企业生产的产品算不算国产等并没有说明。另外，相关的保护措施和操作细节也没有明确。

最后，从发达国家通过政府采购推进本国科技创新的实践来看，目前世界上典型创新型国家普遍建立了完善的保护性政府采购制度。具体做法主要体现在以下几个方面。

一是差异性的政府采购政策。主要体现在对非 GPA 成员国实行保护性政府采购政策，其核心思想主要体现在通过优待本国创新产品和限制进口产品的方式实现鼓励科技创新、支持特定产业的政策目标。主要做法有：①禁止某些领域的进口；②强制性要求采购一定比例的国货；③在一定差价范围内优先采购国货。典型如欧盟 2004 年颁布的《关于协调公共工程、货物和服务采购程序的指令》中，就明确规定，在采购中与第三国提供的产品价格差异在 3% 以内的，要对欧盟提供的产品给予优先采购，GPA 成员国不受此规定限制。美国在保护本国企业上也不遗余力，如《购买美国产品法》中规定，美国公共机构基于公共使用的目的，在购买货物或签订公共工程委托合同时，必须购买美国产品和使用美国物资，除非购买美国产品在成本上不合理；另外还规定，对一般产品而言，政府采购本国产品的价格可以高出国外产品的 6%。韩国政府采购法规定，除国内不能生产的产品外，政府部门必须购买国货，1994 年加入 GPA 后，对此限制放松，但是对非 GPA 成员仍使用原规定。

二是政府采购市场有限开放。通过对某些行业和领域设定门槛，比如采用价格标准、技术标准以及行业标准等，保护本国相关产业的发展。例如美国对涉及国家安全、相对弱小的产业并不对外开放，时至今日，美国的电信、运输服务等领域仍没有对外开放，为支持美国的科技创新，美国政府在服务采购中排除了研究开发合同。

三是利用例外条款保护本国企业。这一条主要是针对GPA成员国而采取额外的措施，主要是通过例外条款支持本国的创新活动。具体措施包括如下方面。①中小企业例外。例如美国的《小企业法》中规定，政府小额采购合同应优先考虑中小企业。具体而言，政府采购合同不超过1万美元的，采购合同必须给小企业；10万美元以下的政府采购合同要优先考虑小企业；10万美元以上50万美元以下的政府采购要优先考虑使小企业成为分包企业；50万美元以上的政府采购必须有小企业作为分包企业。德国《反对限制竞争法》中规定，要通过在政府采购中为中小企业保留一定采购份额的方法来保护中小企业利益。需要进一步说明的是，在GPA中并没有对中小企业做出明确规定，在实践中各国有不同的确定标准，实质上也为通过政府采购政策推进创新型中小企业的发展提供了空间。②国家安全和公共利益例外。在国际经济贸易中，对涉及一国国家安全和公共利益的领域不受GPA制约，因此，一些国家往往采取限制进口的办法，对国内产品实行保护性采购。例如美国的《购买美国产品法》中就规定，在一定价格差异范围内优先采购国货，对本国产品采购一般可高于国外产品价格的6%，而国防部采购本国产品的价格可以高出国外产品价格的50%。欧盟2001年发布的《综合产品政策》中规定，要通过税收、政府补贴、绿色采购以及产品环境标准等措施促进环保产品的生产与消费。实际上，在欧盟进行绿色产品生产的都是高技术产业。③竞争前技术研发订购、创新产品的"首购"例外。2012年GPA第13条规定："采购主体采购原型产品或者首件产品或者服务，而该产品或服务是在特定的研究、实验、探索或原始开发合同执行中开发出的，政府采购可以采用'限制性招标'[①]方式。"目前，创新型国家大都利用此项

---

① 限制性招标：指采购主体直接与其选择的一个或数个供应商接触的采购方式。

例外措施,来推进本国创新型中小企业的发展。

综上,通过对典型创新型国家政府采购制度与我国现行政府采购制度在推进科技创新中的政策措施比较后,可以对我国的政府采购制度在推进科技创新中的作用有一个基本的认识。一是我国政府采购制度中关于推进科技创新的相关规定不明确。虽然,我国目前也制定了相关的法律法规,颁布了具体的政策措施,但是,《中华人民共和国政府采购法》中关于支持本国科技创新的相关内容的规定还不够明确,也不够具体,显然这对于推进我国的科技创新明显不利。二是我国的政府采购制度还有相当大的制度缺陷。目前我国正在谈判加入 GPA,在这一过程中废止了相关的政策文件,但是,后续还没有相关的政策措施来弥补。三是对推进科技创新的相关政策措施利用不到位。通过对发达国家的政府采购制度的观察比较,可以发现,虽然美国、日本、韩国、欧盟等都是 GPA 成员国,但是,每一个国家都有保护本国创新型企业和产品的政策措施,将例外原则、差异化原则、有限度开放市场等与政策手段充分利用,有力地支持本国的创新型企业和产品。这一点我国还很欠缺,需要在接下来的制度建设和政策制定中不断完善。

4.2.3　政府风险投资政策状况比较

风险投资是世界上创新型国家常用的支撑科技创新的政策工具之一。改革开放以来,我国的风险投资快速发展,风险投资在支撑科技创新中的作用也日益凸显。以下通过对我国风险投资发展历程中几个关键节点的梳理,来认识我国风险投资在推进科技创新中的地位和作用。

首先,从我国风险投资的制度环境来看,推进科技创新的风险投资制度建设日益完善。1985 年,我国在《中共中央关于科学技术体制改革的决定》中首次明确提出:"对于变化迅速、风险较大的高技术开发工作,可以设立创业投资给予支持。"随即,1986 年由政府出资的第一家境内风险投资公司——中国高新技术创业投资公司成立(简称中创)。该公司的成立,标志着我国境内首家以新技术产业投资为主的非银行金融机构成立,主要股东为国家科委(全称是国家科学技术委员会,1998 年改名科学技术部)和财政部，分别持股 40％ 和 23％，投资方式为单一的股权式投资，公司成立的最初目的是配合国家"火炬计划"的实施，其运营方式是完全由政府出资并承担全部经营风险。

1988 年发布的《国务院关于深化科技体制改革若干问题的决定》（已失效）中进一步指出："鼓励、支持各级科技主管部门和金融机构，联合创办旨在促进科研成果转化为商品的科技信贷和创业投资机构。"1991 年国务院发布的《国家高新技术产业开发区若干政策的暂行规定》中提到，有关部门可以在高新技术开发区创办风险投资公司。从以上政策文件可以看出，此时所提倡建立的创业投资机构不再由政府一家主导，提倡与金融机构合作，支持创新的方式也由直接支持转变为间接引导，创业投资机构的目的转向了为科研成果向商品转化提供支持。1999 年，科技部等 7 部委联合发布了《关于建立风险投资机制的若干意见》，不仅指出了在我国发展创业风险投资的重要意义，而且提出了指导、规范我国创业风险投资发展的基本原则，充分说明国家已经将风险投资作为推进高新技术产业发展的重要财政政策工具之一。进入 21 世纪以来，我国支持风险投资的相关法规、政策日益丰富和多元化（见表 4-10）。

表 4-10　2002 年以来我国政府出台的支持风险投资发展的相关政策内容

政策、法规	年　份	政策内容
《中华人民共和国中小企业促进法》	2002（2017 年修订）	提出要通过税收政策鼓励各类依法设立的创业风险投资机构增加对中小企业的投资
《创业投资企业管理暂行办法》	2005	国家与地方政府可以设立创业投资引导基金，通过参股和提供融资担保等方式扶持创业投资企业的设立与发展；另外国家可以运用税收优惠政策扶持创业投资企业发展，并引导其增加对中小企业特别是中小高新技术企业的投资

续表

政策、法规	年　份	政　策　内　容
《中华人民共和国企业所得税法》	2007（2017年修正）	创业投资企业从事国家需要重点扶持和鼓励的创业投资，可以按投资额的一定比例抵扣应纳税所得额
《中华人民共和国企业所得税法实施条例》	2007（2018年修正）	创业投资企业采取股权投资方式投资于未上市的中小高新技术企业2年以上的，可以按照其投资额的70%在股权持有满2年的当年抵扣该创业投资企业的应纳税所得额

以上政策措施的出台和相关法律法规的规定，为我国政府部门通过建立风险投资基金来支持科技创新提供了强有力的法律支撑。

其次，从风险投资政策的实践来看，我国风险投资发展取得了巨大的进步。为了进一步推进该项规定的落实，财政部、国家税务总局于2007年出台了《关于促进创业投资企业发展有关税收政策的通知》（已失效），对创业风险投资机构实行税收优惠政策又进行了详细的说明。与此同时，财政部和科技部联合发布了《科技型中小企业创业投资引导基金管理暂行办法》（已失效），其中明确指出："引导基金通过引导创业投资行为，支持初创期科技型中小企业的创业和技术创新。"随后财政部宣布建立国家级创业引导基金，规模为1亿元人民币，主要用于支持科技型中小企业创业投资。对此举措，各地纷纷仿效，开始运用财政资金设立政府引导资金，为本地科技创新型企业提供资金支持。

在强有力的政策支持下，我国的风险投资支撑我国科技创新的力度逐年加大。截至2016年，我国的各类创业风险投资机构数达到2 045家，其中，创投企业（基金）1 421家，管理资本8 277.1亿元，累计投资项目数达到19 296项，其中投资高新技术企业项目数8 490项，占比44.0%；累计投资金额3 765.2亿元，其中投资高新技术企业金额1 566.8亿元，占比41.6%。[①]

从我国风险投资的资金来源结构来看，资金来源渠道日益多元化。但是

---

① 资料来源：中国创业风险投资发展报告（2017）。

来自政府的资金仍然占大多数，2016 年占到风险投资资金总额的 36.13%，其次是民营投资机构，占总投资额的 18.36%，个人占 7.08%，混合所有制企业占 5.66%，其他资金来源占 28.31%，如图 4-9 所示。从图中可以看出，政府部门目前还是风险投资的绝对力量。

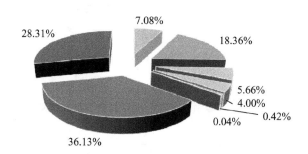

图 4-9　2016 年我国创业投资资本来源结构

数据来源：中国创业风险投资发展报告（2017）。

从 2016 年我国风险投资对企业资金投向的阶段来看，我国创业风险投资的投资重心进一步后移（见表 4-11）。从表中可以发现，2016 年我国风险投资对处于种子期和起步期的投资项目占比仅为 34.6%，尤其是对种子期的投资项目占比低至 4.3%，而这两个时期正是高新技术企业成长的关键时期，也是资金最缺乏的时期。这样的格局，充分说明我国的风险投资在支撑高新技术中小企业的力度上有所欠缺。

表 4-11　我国创业风险投资项目占比在所处阶段的分布情况

单位：%

	2007	2008	2009	2010	2011	2012	2013	2014	2015	2016
种子期	12.7	9.4	19.9	10.2	4.3	6.6	12.2	5.6	8.1	4.3
起步期	8.9	19.0	12.8	17.4	14.8	19.3	22.4	25.2	21.5	30.3
成长期	38.2	38.5	45.1	49.2	55.0	52.0	41.4	59.0	54.4	38.5
成熟期	35.2	26.5	18.5	20.2	22.3	21.6	22.8	10.1	15.2	26.5
重建期	5.0	6.6	3.7	3.0	3.6	0.6	1.2	0.1	0.7	0.6

数据来源：中国创业风险投资发展报告（2017）。

从 2011 年和 2016 年我国风险投资投向的领域的数据对比来看,高新技术产业、新能源以及节能环保类产业的投资是热点,其中信息传输、软件和信息服务业投资增长较快(见表 4-12)。2011 年投向新能源和环保业的资金为 17.9 亿元,投向该领域的项目数占总项目的 19.2%。而到 2016 年,投向信息传输、软件和信息服务业的资金为 47.55 亿元,投向该领域的项目数占总项目的 26.65%,远高于其他产业的投资。此外,随着这几年经济发展的转型,投向传统制造业的金额和项目双双下降,一定程度上表明我国经济结构正处于转型当中。

表 4-12　2011、2016 年我国创业风险投资业投资项目的行业分布

单位:亿元,%

行　业	2011 年		2016 年	
	投资金额	投资项目占比	投资金额	投资项目占比
信息传输、软件和信息服务业(IT 服务业、其他 IT 产业、软件产业、网络产业)	9.0	13.2	47.55	26.65
金融保险业	—	—	6.97	3.12
新能源和环保业(核应用技术、环保工程、新材料工业和新能源、高效节能技术)	17.9	19.2	6.84	12.51
医药生物业(生物科技、医药保健)	7.7	7.7	5.54	9.81
计算机、通信和其他电子设备制造业(半导体、光电子与机电一体化计算机硬件产业、通信设备)	8.2	10.8	4.03	7.35
传播与文化娱乐业	2.2	2.4	3.02	5.26
传统制造业	7.7	8.0	1.99	3.58
建筑业	—	—	1.98	0.56
其他制造业	8.2	8.3	1.65	4.09
农林牧渔业	4.1	4.8	—	—
其他行业	11.2	8.4	12.9	13.67
消费产品和服务业	9.4	7.2	—	—

资料来源:中国创业风险投资发展报告(2012),中国创业风险投资发展报告(2017)。

最后，从国外风险资金推进科技创新的具体措施来看，美国最具代表性。1946年美国的《收入法》中规定：中小企业投资达到2.5万美元的投资者，在纳税申报时，投资项目的损失可以冲抵投资收益，极大地降低了投资者的风险。20世纪60年代末，美国政府将长期资本收益税率调整为49%，风险投资急剧下降，1979年出台的《投资收益税降低法案》中又将资本收益税率调为20%，风险投资迅速发展，到1999年时美国的风险投资额达到483亿美元（聂颖，2013）。

以美国2016年风险投资的领域来看，美国风险投资主要投向了高新技术产业，如软件产业占47.70%，制药与生物技术占11.30%，医疗设备和用品占5.60%，商业服务5.00%，四项投资总和占到69.60%，如图4-10所示。

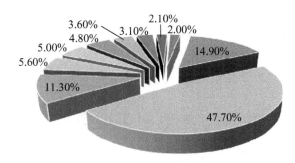

图4-10 2016年美国依行业风险资本投资占比

数据来源：中国创业风险投资发展报告（2017）。

从美国2016年风险投资的分布来看，美国的创业风险投资更多地关注后期投资，2016年在后期的风险投资资金占比高达55.50%。但是，美国在种子期和早期的项目占比却比较高，两项合计占项目数的比例为81.30%（见表4-13）。

表 4-13　2016 年美国风险投资分布情况

单位：%

	风险投资资金占比	风险投资项目占比
天使/种子期	9.60	50.60
早期	34.90	30.70
后期	55.50	18.70

数据来源：中国创业风险投资发展报告（2017）。

除了美国，世界上创新能力较强的英国、法国、德国以及瑞典等都有关于推进本国科技创新的政府风险投资的相关政策措施。

除了建立风险投资基金外，为了鼓励本国风险投资机构向中小企业投资，发达国家政府针对投资者的投资行为，往往对投资额进行税收减免、税收抵扣或者减免风险投资机构的相关税收，以降低风险和成本的方式激励投资机构加大对中小科技型企业的投资。

4.3　我国与典型创新型国家支持科技创新的税收政策比较

税收优惠政策是目前世界上创新型国家常用的激励科技创新的重要财政政策之一。我国也不例外，尤其是 1994 年分税制改革以来，我国的税收制度建设日益与市场经济体制深入融合，其中，也有不少推进我国科技创新的税收优惠政策，以下分税种逐一进行梳理并比较。

首先，从税种属性来看，所得税是对创新主体激励效果较强的税种之一，以下就我国所得税税种中激励科技创新的税收政策的主要内容进行梳理（见表 4-14）。

表 4-14 我国推进科技创新的所得税优惠政策

税种	推进科技创新的税收优惠政策的主要内容
企业所得税及其实施条例中的相关内容	①符合条件的技术转让所得免征、减征企业所得税,在一个纳税年度内,居民企业技术转让所得不超过500万元的部分,免征企业所得税;超过500万元的部分,减半征收企业所得税 ②符合条件的小型微利企业实行20%的照顾性税率;拥有核心自主知识产权,国家需要重点扶持的高新技术企业,减按15%的税率征收企业所得税 ③企业为开发新技术、新产品、新工艺发生的研究开发费用,未形成无形资产计入当期损益的,在按照规定据实扣除的基础上,按照研究开发费用的50%加计扣除;形成无形资产的,按照无形资产成本的150%摊销 ④创业投资企业从事国家需要重点扶持和鼓励的创业投资,可以按投资额的一定比例抵扣应纳税所得额;创业投资企业采取股权投资方式投资于未上市的中小高新技术企业2年以上的,可以按照其投资额的70%在股权持有满两年的当年抵扣该创业投资企业的应纳税所得额;当年不足抵扣的,可以在以后纳税年度结转抵扣 ⑤可以采取缩短折旧年限或者采用加速折旧的办法的固定资产,包括:(一)由于技术进步,产品更新换代较快的固定资产;(二)常年处于强震动、高腐蚀状态的固定资产
个人所得税	①对个人所获得的省级人民政府、国务院部委和中国人民解放军军以上单位,以及外国组织、国际组织颁发的科学、教育、技术、文化、卫生、体育、环境保护等方面的奖金,免予缴纳个人所得税 ②按照国务院规定发给的政府特殊津贴、院士津贴、资深院士津贴,以及国务院规定免予缴纳个人所得税的其他补贴、津贴等,免予缴纳个人所得税

资料来源:依据《中华人民共和国企业所得税法》《中华人民共和国个人所得税法》以及实施条例整理。

另外，我国的增值税、关税和进口环节流转税、房产税和城镇土地使用税、契税等流转税中也有鼓励社会经济主体参与科技创新的相关内容，主要政策内涵体现在免征、即征即退和低税率三个方面（见表4-15）。需要说明的是，我国现存的营业税中也有相关鼓励经济社会主体参与科技创新的相关内容，但是，本文在此没有梳理营业税中相关的内容，主要原因在于2012年1月1日起，我国已经启动了营业税改增值税的改革，而且从目前我国税制改革的趋势来看，"营改增"将是当前和今后几年我国税制结构进一步优化的重点。

需要进一步说明的是，除了以上主体税种中规定的优惠政策以外，我国于2011年对即将到期的推进科技创新的税收优惠政策进行了相应的调整，具体体现在以下政策文件中：《国务院关于印发进一步鼓励软件产业和集成电路产业发展若干政策的通知》（国发〔2011〕4号）；《关于继续执行研发机构采购设备税收政策的通知》（财税〔2011〕88号）；《关于修改〈科技开发用品免征进口税收暂行规定〉和〈科学研究和教学用品免征进口税收规定〉的决定》[财政部、海关总署、国家税务总局令（第63号）]。另外，2012年启动的营业税改增值税改革，进一步减轻中小企业包括科技型中小企业的税收负担，加大对包括研发服务在内的现代服务业的扶持。

表4-15 我国推进科技创新的其他税收优惠政策

税种	支持科技创新的税收优惠政策的主要内容
增值税	①直接用于科学研究、科学试验和教学的进口仪器、设备，免征增值税 ②2000年6月24日至2010年年底以前，对增值税一般纳税人销售其自行开发的软件产品，按17%的法定税率征收增值税后，对其增值税实际税负超过3%的部分实行即征即退政策 ③集成电路产品退税。2000年6月24日至2010年年底以前，对增值税一般纳税人销售其自行生产的集成电路产品（含单晶硅片），按17%的法定税率征税后，其实际税负超过6%的部分实行即征即退政策

续表

税种	支持科技创新的税收优惠政策的主要内容
关税和进口环节流转税	①符合规定的科学研究、技术开发机构，在 2015 年 12 月 31 日前，在合理数量范围内进口国内不能生产或者性能不能满足需要的科技开发用品，免征进口关税和进口环节增值税、消费税 ②科学研究机构和学校，以科学研究和教学为目的，在合理数量范围内进口国内不能生产或者性能不能满足需要的科学研究和教学用品，免征进口关税和进口环节增值税、消费税 ③对经认定的软件生产企业进口所需的自用设备，以及按照合同随设备进口的技术（含软件）及配套件、备件，免征关税和进口环节增值税 ④从 2004 年 1 月 1 日起，计算机软件出口实行免税，其进项税额不予抵扣或退税 ⑤对企业（包括外商投资企业、外国企业）为生产《国家高新技术产品目录》的产品而进口所需的自用设备及按照合同随设备进口的技术及配套件、备件，除按照国发〔1997〕37 号文件规定《国内投资项目不予免税的进口商品目录》所列商品外，免征关税和进口增值税 ⑥对结构调整、产业升级、企业创新有积极带动作用的重大技术装备关键领域内，由财政部会同发展政策委、海关总署、税务总局制定专项进口税收政策，对国内企业为开发、制造这些装备而进口的部分关键零部件和国内不能生产的原材料所缴纳的进口关税和进口环节增值税实行先征后退。所退税款作为国家投资处理，转作国家资本金，主要用于企业新产品的研制生产以及自主创新能力建设
房产税和城镇土地使用税	①非营利性科研机构自用的房产、土地，免征房产税和城镇土地使用税 ②对于经国务院批准的原国家经贸委管理的 10 个国家局所属 242 个科研机构和建设部等 11 个部门（单位）所属 134 个科研机构和进入企业的科研机构，从转制注册之日起，5 年内免征科研开发自用土地的城镇土地使用税、房产税和企业所得税 ③自 2008 年 1 月 1 日至 2010 年 12 月 31 日，对符合条件的孵化器自用以及无偿或通过出租等方式提供给孵化企业使用的房产、土地，免征房产税和城镇土地使用税
契税	国家机关、事业单位、社会团体、军事单位承受土地、房屋用于办公、教学、医疗、科研和军事设施的，免征契税

资料来源：依据《中华人民共和国增值税暂行条例》和实施细则、《中华人民共和国进出口关税条例》《中华人民共和国契税暂行条例》以及贾康、刘军民，《建设创新型国家的财税政策与体制变革》一书的相关内容整理。

此外，研发费用加计扣除作为在激励企业研发方面力度最大的一项税收政策，对企业加强创新具有显著的正向影响。在当前重塑经济发展动能，促进产业转型升级，企业结构转型的情况下，研发费用加计扣除税收优惠政策含金量较大，政策应该体现出企业的研发投入越多，享受的税收优惠就越多的导向。这样做使得企业能够进一步享受减税的政策红利，有利于提高企业的研发积极性，从而推动企业创新发展，这对于身处经济发展"新常态"下的企业来说具有非同寻常的意义。我国研发费用加计扣除的具体政策口径经历了一个演进过程，从国税发〔2008〕116号文到财税〔2013〕70号文，再到财税〔2015〕119号文。财税〔2015〕119号文明确强调研发活动是"创造性运用科学技术新知识或实质性改进技术、产品（服务）、工艺而持续进行的具有明确目标的系统性活动"。就政策发展的总体趋势而言，呈现出一种逐步开放的态势。在实体层面，渐进拓展了政策适用企业和允许加计的支出范围。比较典型的例子是财税〔2015〕119号文对政策适用的企业范围首次采用了"负面清单"列举的方式，即规定哪些企业不能享受加计扣除政策，反之则都可以享受。这有效地弥补了以往政策文件中列举不及的问题，同时也很好地解决了此前一些企业因文件理解掌握存在不确定性而未能享受到政策红利的问题。

其次，从世界上发达经济体通过税收优惠政策推进科技创新的实践来看，各国主要采取的措施体现在以下几个方面：一是鼓励企业增加研发投入，对此，典型创新型国家主要采取对企业所进行的研发投入进行税收抵免；二是利用税收优惠政策推进企业采用新设备、新技术，主要采用加速折旧的方法；三是通过相应的税收政策推进科技创新成果的转化和产业化，主要做法是对中小企业购买专利和新技术进行税收抵免和对风险投资采取税收减免；四是对创新中心所涉及的税种进行税收减免。此外，还有的国家规定对科学、研究、教育等奖金实行免税政策（详见表4-16）。

表4-16 典型创新型国家推进科技创新的税收优惠政策内容

税收优惠目的	国别	税收优惠政策的主要内容
鼓励企业增加研发投入	美国	公司可以就自己的研究与开发费用申请抵免，从2006年起，纳税人可以使用新的可选择的简易抵免法（Alternative Simplified Credit，ASC），而不是用总收入因素法，依据简易抵免法计算的抵免额等于该纳税年度超过以前3年符合条件的研究费用的平均值50%的符合条件的研究费用的12%
	英国	对于中小型企业的研究和开发费用支出，自2000年4月1日起，允许按150%的比例税前扣除，自2011年4月1日起，扣除比例提高到200%，从2012年4月1日起，进一步提高到225%；另外从2002年起，研发经费扣除优惠扩大到大公司，如果不选择得到现金退款的话，可以扣除125%的研究和开发费用，自2011年4月起，对于符合条件大公司的研发费支出，可以扣除130%
	法国	在一个公历年期间发生的符合条件的研发费用的30%可以得到税收抵免；研究与开发费用和软件费用，企业可以选择在费用发生的当期作为费用直接从当年的应纳税所得额中扣除，也可以选择用直线法在以后的年度中摊销，但最长期限不超过5年，获取软件成本可以在当年以直线法摊销，时间为12个月
	德国	研究和开发成本视为正常经营费用在税收中完全可以扣除
	日本	日本公司提交蓝色申报表即蓝色法人，可以享受研发费用扣除优惠，扣除比例依公司规模而定
	韩国	研究和人力资源开发可以享受税收优惠，具体优惠措施按企业规模计算；高成长行业和基础技术领域的研究开发享受税收抵免，抵免额为该项研究开发支出的20%，中小企业为30%
	俄罗斯	进行研究、开发或评价研究的公司，可以享受投资抵免，所购设备可以100%获得投资抵免

续表

税收优惠目的	国别	税收优惠政策的主要内容
鼓励企业使用先进技术和设备	英国	折旧和摊销：对于机器和设备的折旧率，自 2012 年 4 月 1 日起，降为 18%，耐用机器折旧率降为 8%，研究和开发费用为 100%，专利和专有技术为 25%；从 1997 年 7 月 2 日起，对于中小企业购买大多数类型的机器和设备，可以采用加速折旧的办法
	日本	中小企业（资本金不超过 1 亿日元且不是资本金超过 1 亿日元公司的子公司）蓝色法人投资财务省规定的特殊设计的新型设备，可以享受税额扣除优惠，条件是该设备于 2010 年 4 月 1 日到 2011 年 3 月 31 日购买或生产并投入使用
	韩国	中小企业用以购置设备，或在销售点安装信息管理系统和信息安全系统的，个人所得税和公司所得税按照购置额的 3% 抵免；公司购买用于研究开发和职业培训的设施，可以采用税收抵免的方式进行补贴，最高按总价款的 10% 抵免
	俄罗斯	公司业务涉及开发新设备、新的或改进的技术或创造新的原料，可以享受税收抵免
促进科技成果转化	韩国	中小企业购买专利权和实用新型权，最多可以按照总价款的 7% 享受税收抵免；风险投资公司投资于新建中小企业的，其出售该中小企业的股票或者权益所实现的利得，免征公司所得税
其他	德国	各类研究、科学和艺术教育的奖金可以免税
	俄罗斯	对创新中心免税，主要是对创新中心的企业和个人给予很多的税收优惠，主要体现为免除利润税、增值税和财产税

资料来源：依据国家税务总局税收科学研究所编译的《外国税制概览》（第 4 版），中国税务出版社 2012 年版相关内容整理。

最后，从我国目前已出台的推进科技创新的税收优惠政策与典型创新型国家的相关政策相比较而言，二者的政策措施差别不大。我国不仅有相关的执行细则，而且比典型创新型国家的更全面，甚至针对特定产业都有相关的扶持性税收优惠政策，体现出典型的新时代追赶的政策特点。

4.4 本章小结

通过我国与典型创新型国家推进科技创新的制度环境以及相关财政政策措施比较，对于我国支持科技创新的财政政策有以下几点认识。

（1）就推进科技创新的制度环境而言，我国与典型创新型国家正呈现出趋同的趋势。但是，从典型创新型国家推进科技创新的政策措施来看，创新政策呈现出综合性的特点，涵盖教育、科技、金融、财政、产业等一系列政策措施，且加强了政策之间的协调性，同时，更加重视教育和人力资源政策在推进科技创新中的作用。例如，美国把引进科技创新人才作为移民政策的重要任务；英国也在《英国的科研愿景》创新规划中提出，一方面通过创造良好的研发环境吸引国外高技术研究人才；另一方面加快国内相关人力资源的培养等。此外，另一个值得关注的是，典型创新型国家通常是从整个创新系统的角度来制定相关的推进科技创新的政策措施，不仅重视基础研究，而且也更加重视通过各种途径推动科技创新成果的市场化和产业化。

（2）就我国的财政科技投入政策而言，近年来，随着我国经济社会的快速发展，我国的财政科技投入逐年增长。截至 2012 年年底，我国的 R&D 经费规模达到了 10 298.41 亿元，R&D 投入强度达到 1.98%，虽然，相比于美、日、韩、德、法等国家略低，但是远高于其他发展中国家。另外，从投入的主体来看，世界上发达经济体的 R&D 经费投入的主体都是企业，我国也不例外。但是，就我国 R&D 经费投向与典型创新型国家资金投向比较而言，我国投向基础研究的经费相对较低，占 R&D 总经费的比例甚至还不到 5%，而发达经济体这一比例基本都在 15% 以上。

（3）由于我国政府采购政策起步相对较晚，再加上近年来参与加入 GPA 谈判，可以说通过政府采购推进科技创新的政策措施还很不完善，尤其是细则不明确，影响了政府采购政策在支持科技创新中的政策效应的发挥。相比较而言，典型创新型国家支持本国科技创新的政府采购政策相对较为完善，不仅有法律明文规定，而且有详细的细则，尤其是强调通过政府采购政策，增加对创新型中小企业产品的采购,进一步降低小企业创新成本,鼓励科技创新型小企业的发展。这方面,应该是我国政府采购政策进一步完善的着力点所在。

(4) 我国推进科技创新的风险投资发展很快,虽然由于起步也相对较晚,还处于发展过程当中,但是趋势良好。需要进一步强调的是,典型创新型国家把支持中小企业的创新放在非常重要的位置,出台了大量促进中小企业发展的创新创业政策,风险投资政策就是其中之一。通过政府引导性风险投资基金的引导,进而鼓励科研机构、高等学校向中小企业开发科技资源、转让技术,引导资金投向具有较大潜力的科技创新型产品的研究开发,为新技术产业化和创新创业企业的健康成长营造良好的投融资环境。

(5) 从我国公布的《国家中长期科学和技术发展规划纲要(2006—2020年)》及其配套政策措施与典型创新型国家推进科技创新的税收优惠政策措施比较来看,我国推进科技创新的税收优惠政策与典型创新型国家的措施也逐渐呈现趋同趋势。然而,典型创新型国家除了采取对研发投入减免税、加速折旧、创新中心免税等措施以外,对投向高新技术产业的风险资金和创新型中小企业减免税也是比较常用的政策工具。

综上所述,通过我国与典型创新型国家支持科技创新的财政政策的比较后发现,我国无论是国家创新体系建设,还是推进科技创新的财政政策,都带有明显的转型期的特点,那就是推进科技创新的国家创新体系建设、制度建设以及相应的政策措施都处于不断发展和完善当中,并且体现出逐步与世界上典型创新型国家接轨的趋势。但是,需要进一步说明的是,结合我国的国情、新时代的经济社会发展环境、国家创新体系建设以及国际经验来统筹考虑推进我国支持科技创新的财政政策的制定,应该是下一步我国支持科技创新相关政策体系建设与完善的重要考虑因素。

第5章 实证分析：促进科技创新的财政政策效应分析

前述研究表明，目前，我国已经初步建立起了相关推进科技创新的财政政策体系。但是，已有的支撑科技创新的财政政策体系在推进科技创新的过程中，政策效果究竟如何，哪一类政策工具的激励效果会更加明显，需要进一步深入分析。因此，在接下来的研究拟通过实证研究的方式，先对总体财政政策促进科技创新的效果进行一个综合评价；然后，对科技创新影响较大的企业R&D经费投入激励进行实证分析，即对鼓励企业投资于科技创新活动的相关税收优惠政策进行实证研究，从而使各项政策的研究进一步具体化。

5.1 我国支持科技创新的财政政策总体效应分析

对于支持科技创新的财政政策总体效应的分析，主要是针对目前我国运用相对成熟的财政科技投入、税收优惠政策及政府采购政策在激励各创新主体对R&D经费的投入的效果方面进行分析，同时，将起步相对较晚、正处于发展期的政府风险投资政策作为控制变量进行实证分析，进而对财政科技投入政策、税收优惠政策及政府采购政策在推进我国科技创新中的政策效果进行综合的政策效应评价。

5.1.1 研究设计

通常情况下，研究与试验发展（R&D）经费支出是衡量一个国家或地区科技创新活力的核心指标之一，不仅是因为R&D经费投入是一国科学技术事业的基本保障，而且已被大量的学术研究所证实，R&D经费投入与一国的发明专利增加数和经济增长呈正相关关系。典型如Schmookler（1966）、Scher-

er（1965）是最早研究专利与 R&D 关系的两位学者。20 世纪 80 年代后从事相关研究者甚多，如 Pavitt（1983）、Acs（1989）等，他们的研究结果表明 R&D 和专利之间存在显著相关性，R^2 超过 0.9。Griliches（1990）对美国的研究表明，专利与 R&D 经费的投入的弹性在 0.3～0.6 之间，即使考虑到滞后效应也是如此。Kortum（1993）应用实证研究的方法研究了 R&D 经费与专利之间的关系，发现 R&D 经费对专利的弹性大小约为 0.6。吴和成（2008）应用实证研究的方法，研究了科技投入对专利的影响程度，结果发现，R&D 经费投入与专利之间存在较强的线性关系，认为加大 R&D 经费投入是实现科技创新的有力保证。古利平等（2006）通过投入-产出分析方法分析了 R&D 经费投入与专利之间的关系，研究发现中国的创新资金投入产出弹性为 0.465，这说明我国科研资金投入每增加 1%，我国的专利就增加 0.465，这个结果和美国是类似的，美国专利对 R&D 的弹性在 0.3～0.6 之间，这充分表明支持中国创新的 R&D 经费投入产出弹性很高。因此，将 R&D 经费作为科技创新的代表具有较强的现实意义。

此外，从世界各国的经济实践来看，近年来，世界各国纷纷加大国家对 R&D 经费的投入力度，来推进本国的科技创新，也从侧面表明，一国和地区的 R&D 经费投入与一国的科技创新之间存在着较强的线性关系。因此，本书接下来的实证研究中拟将 R&D 经费投入作为被解释变量，主要是因为 R&D 经费投入的增加表明国家或地区科技创新活力增强。同时，将影响 R&D 经费投入的财政科技拨款、税收优惠、政府采购作为解释变量，将对 R&D 经费投入影响较大的 GDP 增长、风险投资等因素作为控制变量，运用计量经济学中多元回归的方法找出各个解释变量对 R&D 经费投入的影响，最后对影响 R&D 经费投入的各种政策措施的效果进行宏观的判断。

基于以上论述，提出如下假设。

H_1：政府的财政科技拨款对于科研机构、高等学校和企业加强 R&D 经费投入进行相应的研究开发具有较强的促进作用。

H_2：税收优惠政策可以有效降低企业进行研究开发的成本，鼓励企业加大 R&D 经费投入力度进行相关的研究开发。

H_3：政府采购政策通过对科技创新型产品的采购，开发了创新产品的市场潜力，有效地降低了科技创新的风险，进而鼓励中小企业加大R&D经费投入进行相关的研究开发。

需要进一步说明的是，本研究将GDP增长与政府风险投资作为控制变量，主要是因为，通常情况下，GDP增长虽然对R&D经费投入有较为直接的关系，但是并不具有政策意义。另外，就风险投资而言，一方面我国发展相对较晚，还不成熟；另一方面风险投资在推进科技创新中的作用，主要体现在科技成果转化和实现产业化方面，对R&D经费投入影响相对不是很明显。

5.1.2 模型构建与数据来源

实证研究的目的在于进一步验证具体的财政政策工具在推进科技创新中的作用和效果。对于研究中的被解释变量R&D经费投入，前已述及，不再赘述。对于解释变量中的财政科技拨款，主要包括科技三项费、科学事业费以及科研基建费等内容。就政策机理而言，政府此类投入不仅直接作用于科技创新的输入端，对于推进基础研究、应用研究及实验发展具有较为直接的作用，而且具有较强的社会溢出效应，能够鼓励和引导社会资本加大对R&D经费的投入。税收优惠政策在促进科技创新中的政策作用机理，主要是采用对相关研究开发活动实行税收减免和税收抵扣的方式，来降低企业研发成本，鼓励企业加大R&D经费投入，进而推进科技创新的不断涌现。政府采购政策的作用机理，主要在于通过政府采购的方式扩大市场对创新产品的市场需求，降低中小企业进行创新的风险和不确定性，进而实现鼓励中小企业加大对R&D经费投入的政策目的。此外，由于政府GDP增长对于R&D经费的投入虽无政策效应，但却也有直接影响，因此，在本研究中，将GDP和政府风险投资强度作为控制变量。基于以上分析，政策综合效应分析的模型建构如下。

$$y = \beta_0 + \beta_1 \text{fiscal} + \beta_2 \text{tax} + \beta_3 \text{gov} + \beta_4 \text{GDP} + \beta_5 \text{invest} + \varepsilon \quad (5.1)$$

模型中涉及的具体变量解释见表5-1。

表 5-1　模型中所涉及的具体变量解释

变量名	变 量 释 义
y	全国研究与实验发展经费支出（R&D 经费）
fiscal	财政科技拨款
tax	税收优惠规模
gov	政府采购规模
GDP	国内生产总值
invest	风险投资强度
β	表示自变量对因变量的影响
ε	误差项

在具体的计量分析之前，还需要对具体的数据来源与计算方式做出明确的解释。R&D 经费、财政科技拨款、政府采购、GDP 等数据均来自国家统计局历年的实际统计数据，风险投资数据采用风险投资强度[①]这一数据，来源于历年中国风险投资发展报告。下面着重说明税收优惠规模数据。

就目前我国经济发展中的现实情况而言，中小企业从事研究开发的能力有限，所以，本书主要选取研究开发能力较强的大中型工业企业的 R&D 经费投入作为数据样本。但是，就目前我国的统计口径而言，并没有对推进科技创新的税收优惠数额做出具体的统计，需要采取其他的数据处理方式来测算我国大中型工业企业由于推进科技创新所给予的税收优惠规模。目前，国内外学术界关于税收优惠激励科技创新的评估方式主要有三种。① METC（Marginal Effective Tax Credit）方法。该方法以评估企业 R&D 成本为着力点，以横向比较的视角，把各类税收政策措施对企业 R&D 成本的影响进行比较评估。② B 指数法[②]。即对税收政策的刺激强度进行评估，该方法主要是用来衡量政府对企业税收的优惠程度。③ 计量经济学方法。该方法主要用调查

---

① 风险投资强度：是指最终落实在每一项风险投资项目上的资金数额。
② B 指数法，最早由 Jacek Wardas 所设计，具体内容详见：OECD,"Tax Incentives for Research and Development: Trends and Issues", 2002, p36—37.

或者数据分析的方式来测算企业 R&D 成本对税收激励的弹性系数,进而分析税收优惠措施对企业 R&D 投入的激励效果(胡卫等,2005)。通过以上三种典型方法的简单介绍,我们发现,B 指数法较为适合用于本研究对税收优惠规模进行测算,具体计算过程如下所示。

首先,关于 B 指数的计算,需要满足以下几个基本假设条件:一是以企业所得税为计算依据;二是企业有足够的收入,所有的税收抵扣都可以在当年实现;三是以 OECD 的比例平均值作为计算的基本依据。在以 OECD 各类 R&D 投入类别占总 R&D 投入的比例平均值中,经常项目支出占 90%,其中劳动力支出占 60%,其他经常项目占 30%;资本项目支出占 10%,其中机器设备项目和基建项目支出各为 5%(胡卫等,2005)。

其次,B 指数计算的原理说明。税收优惠政策的主要政策效应就是降低了企业 R&D 经费投入的税后成本(After Tax Cost,ATC)。需要说明的是,这里的 ATC 是指企业 R&D 经费扣除税收优惠后的净成本,此处的税收优惠包括加速折旧、R&D 应税抵扣和 R&D 税收抵扣。在接下来 B 指数的计算中,ATC 采用 R&D 税收抵扣来计算。因为,R&D 应税抵扣的 ATC=R&D 投入×(1－应税抵扣率×企业所得税税率),而 R&D 税收抵扣的 ATC=R&D 投入×(1－税收抵扣率)(胡卫等,2005)。由此可以看出,采用 R&D 税收抵扣的 ATC 能够有效避免企业所得税税率的影响,所以,采用 B 指数模型来测量税收对企业 R&D 经费投入的强度。

B 指数是指企业为抵消初始的 R&D 投入成本和相应所得税所耗费的企业收入,其计算公式如下:

$$B=\frac{\mathrm{ATC}}{1-t}=\frac{1-ut}{1-t} \tag{5.2}$$

ATC 表示税后成本,t 表示企业所得税税率,u 表示税前扣除率。需要说明的是,在计算税收优惠时,由于不同国家对不同类别的 R&D 投入类别的抵扣税率不同,而且每个企业不同类别的 R&D 支出在总 R&D 支出中所占比例也都不同,这将会使 B 指数的计算无法实现。所以在具体计算中,以前述 OECD 中的各类 R&D 投入类别占总 R&D 投入的比例平均值中的具体占比为依据。此外，从公式中可以看出，B值代表的是每单位研发支出的实际税后成本，并且，B指数的值与税收刺激强度成反比，B指数的值越高，表明企业的税负水平与R&D投入的成本越高，相应的税收优惠幅度较低。反之，（1－B）指数则是税收优惠政策给企业节约的研发经费指数，值越高，表明税收优惠政策对企业研发活动的激励程度越高，R&D投入也相应地越高。具体税收优惠额度可以用企业的R&D经费乘以（1－B）指数得出。

最后，对我国的税收优惠进行测算。由于我国于2008年1月1日对企业所得税税率进行了调整，2008年以前大型内资企业的所得税税率为33%，中资企业的所得税税率为27%，2008年1月1日后所有内资企业的所得税税率均适用25%的税率。因此，在采用B指数计算公式对我国的税收优惠程度进行计算时，也应该有所体现，即在2008年之前的应用33%的所得税税率计算，2008年之后采用25%的税率计算。此外，关于B指数公式中 u 值，应该采用加权扣除率来计算（见表5-2）。

表5-2 我国企业所得税中研发投入扣除率

	原企业所得税	现企业所得税	权重（采用OECD规定）	
经常项目	新产品、新技术的技术研发费税前扣除150%	研发费用计入损益的税前扣除150%	劳务60%	其他30%
资本项目	购买研发设备仪器价值30万元以下，一次性扣除	延续原规定标准	设备5%	建筑5%
加权扣除率	140%	140%	—	

资料来源：聂颖，2013. 中国支持科技创新的财政政策研究［M］. 北京：中国社会科学出版社.

由此，将 u 值和2008年前后的 t 值代入公式，可得，我国2008年之前的大中型企业的B指数为0.8275，（1－B）指数为0.1725；2008年之后的B指数为0.8667，（1－B）指数为0.1333。再分别以2008年之前的大中型企业的研发经费乘以0.1725就可得出2008年之前各年的税收优惠额度，以2008年之后各年的大中型企业的研发经费乘以0.1333，就可以得出2008年之后各年的税收优惠额度,具体计算不再赘述,计算结果见本书附表一。

需要说明的是,由于我国的财政科技拨款、政府采购、GDP 及政府风险投资数据均可以在相关的统计资料中找出,税收优惠额度也可由以上的公式计算得出。另外,由于我国政府采购和风险投资发展较晚,在统计年鉴和相关的统计数据库中,有据可查的数据只有 18 年,基于此,本研究以 1995—2012 年之间 18 年的相关数据为统计分析的样本数据,进行计量分析。

5.1.3 政策效应分析

在进行计量分析之前,为了弱化异方差对模型拟合效果的影响,对相关数据进行对数处理,具体处理结果如下所示。

$$\ln y = \beta_0 + \beta_1 \ln \text{fiscal} + \beta_2 \ln \text{tax} + \beta_3 \ln \text{gov} + \beta_4 \ln \text{invest} + \beta_5 \ln \text{GDP} + \varepsilon$$

(5.3)

然后,应用 Stata 11.0 软件进行回归分析,得出以下结果如图 5-1 所示。

Source	SS	df	MS		
Model	20.3132607	5	4.06265214	Number of obs = 18
Residual	.010360789	12	.000863399	F(5, 12) = 4705.42
				Prob > F = 0.0000
				R-squared = 0.9995
				Adj R-squared = 0.9993
Total	20.3236215	17	1.19550715	Root MSE = .02938

lnrd	Coef.	Std. Err.	t	P>|t|	[95% Conf. Interval]
lnfiscal	.3209947	.1351576	2.37	0.035	.0265116 .6154778
lntax	.2013122	.0771144	2.61	0.023	.0332943 .36933
lngov	.0613411	.0185099	3.31	0.006	.0210114 .1016707
lninvest	.0639599	.0722365	0.89	0.393	-.09343 .2213497
lnGDP	.575393	.1674047	3.44	0.005	.2106495 .9401365
_cons	-3.497367	1.328345	-2.63	0.022	-6.391582 -.6031526

图 5-1 回归结果(一)

从以上分析可以看出,调整后的 R^2 接近于 1,说明模型的拟合优度较好;F 统计量的收尾概率为 0,说明整个方程是显著的;在 95%的置信区间内,只有风险投资变量没有通过 T 检验,其余变量的 P 值均小于 0.05,其中财政科技投入的回归系数为 0.320 994 7,税收优惠政策的回归系数为 0.201 312 2,政府采购政策的回归系数为 0.061 341 1,而且回归方程的系数为正值,这充分表明 lnfiscal、lntax、lngov 对 R&D 经费的投入增加具有正向激励作用。另外,从回归系数也可以看出,财政科技投入的弹性相对较大,也就是说,就目前来说，增加财政科技投入依然是我国促进 R&D 经费投入增加的主要因素。政府采购政策的弹性系数相对较小，可能主要与我国政府采购政策在支持科技创新产品采购方面起步较晚或是政策不完善有关。此外，政府风险投资没有通过检验，主要是因为风险投资的影响主要在于科技创新产品的成果转化方面，而在前期促进 R&D 投入方面作用不太明显。

5.2 我国支持科技创新的税收优惠政策效应分析

从目前 R&D 经费投入主体来看，无论是世界上典型的创新型国家，还是我国，企业无疑是投入的主体。以 2012 年为例，我国 R&D 经费共投入 10 298.4 亿元，其中企业投入 7 625.0 亿元，企业的 R&D 经费投入占总经费数额的 74.04%。而就世界上典型的创新型国家——美、日、韩三国来看，其来自企业的 R&D 经费基本都在 70% 以上。此外，从长远的发展来看，我国要构建起"以企业为主体、市场为导向、产学研相结合的技术创新体系"和实现创新驱动发展，这一趋势还会不断加强。但是，针对如何进一步加强企业的 R&D 经费投入，除了提供良好的法律和制度环境以外，通过税收优惠措施，进一步降低企业的研发成本，鼓励和引导企业加大对 R&D 的经费投入，无疑具有重要的现实意义。

针对企业的税收优惠措施涉及多个税种，其中增值税、营业税、企业所得税不仅占税收总量的规模较大，而且，也是我国针对企业进行税收减免的政策载体。但是，究竟哪一种税收优惠措施在推进科技创新中的作用更大，需要进一步研究。基于此，本研究在接下来的分析中，需要对以上三种主要税种影响企业 R&D 投入的效果做出进一步的判断。

5.2.1 研究设计

在本研究中，依然以 R&D 经费投入为被解释变量，但是，这里的 R&D 经费投入专指企业的 R&D 经费投入。与此同时，由于企业所得税是直接作用于企业的税收，税收的高低，直接影响着企业的盈利水平，影响着企业的

R&D 经费投入规模和力度。所以，以企业所得税为解释变量，以增值税和营业税等规模较大的税种为控制变量，通过回归分析，来判断企业所得税优惠政策在影响企业 R&D 经费投入中的政策效果，具有较强的现实意义。本研究假设企业所得税越高，R&D 经费越低，反之亦然。据此，建立模型如下：

$$\ln y = \beta_0 + \beta_1 \ln q + \beta_2 \ln y_1 + \beta_3 \ln z + \varepsilon$$

需要进一步说明的是，之所以采用自然对数形式，一方面由于数据较大，而且波动性不一，通过对数的方式可以解决计量分析中的异方差问题；另一方面自然对数形式不仅能使其趋势线性化，而且并不会改变原来数据之间的关系。对以上模型中所涉及变量的解释如表 5-3 所示。

表 5-3 模型中所涉及的具体变量解释

变量名	变量释义
y	企业 R&D 经费投入
β	自变量对因变量的影响
q	企业所得税
y_1	营业税
z	增值税
ε	误差项

5.2.2 数据来源与说明

本研究以 2012 年全国 31 个省市自治区的截面数据为样本（具体数据见本书附表二），进行回归分析。另外，所有数据均来自国研网数据库。需要说明的是，企业的 R&D 经费投入仍然以大中型工业企业的投入作为样本。

5.2.3 政策效应分析

运用 Stata 11.0 软件进行回归分析，得出图 5-2 所示的回归结果。

从图 5-2 所示的回归结果可知，回归方程的 $R^2 = 0.9260$，调整后的 $R^2 = 0.9177$，说明整个方程的拟合优度较好；F 统计量的收尾概率为 0，说明整个方程是显著的；此外，在 95% 的置信水平下，回归方程中的各个解释变量的 P 值均小于 0.05，说明以上三个税种对企业的 R&D 经费投入具有较为显著的影响。此外，需要进一步说明的是，在回归结果中，增值税的回归系数为 0.664 996 2，营业税的回归系数为 1.445 793，企业所得税的回归系数为 $-0.489\ 405\ 5$。其中企业所得税的回归系数为负值，表明企业的研发经费投入与企业所得税呈反向变动关系，也就是说企业所得税越高，企业收入相应地减少，进而使得企业对 R&D 经费的投入也就越少，进一步验证了本研究的研究假设。

```
      Source |       SS       df       MS              Number of obs =      31
-------------+------------------------------           F(  3,    27) =  112.54
       Model |  71.5314252     3  23.8438084           Prob > F      =  0.0000
    Residual |  5.72044113    27   .21186819           R-squared     =  0.9260
-------------+------------------------------           Adj R-squared =  0.9177
       Total |  77.2518663    30  2.57506221           Root MSE      =  .46029

        lnrd |      Coef.   Std. Err.      t    P>|t|     [95% Conf. Interval]
         lnz |   .6649962   .1966101     3.38   0.002     .2615855    1.068407
         lny |   1.445793   .2883974     5.01   0.000     .8540501    2.037535
         lnq |  -.4894055   .2101068    -2.33   0.028    -.9205091   -.0583019
       _cons |  -10.80137   1.376797    -7.85   0.000    -13.62632   -7.976415
```

图 5-2　回归结果（二）

5.3　本章小结

通过对我国支持科技创新的财政政策中具体政策措施的实施效果进行实证分析，可以得出以下基本结论。

（1）就推进我国科技创新的财政政策的综合效果来看，财政科技拨款、税收优惠政策及政府采购政策在推进科技创新投入方面具有显著的影响，而政府风险投资政策在实证检验中的政策效果并不明显。一方面可能与我国风险投资市场的发育情况相关，另一方面也可能与风险投资作用于科技创新中的阶段密切相关。因为通常情况下，就政府的风险投资而言，主要是发挥引导性作用，通过少量的资金，撬动社会资本投向政府鼓励的行业和产业，促进相关产业的发展。而以企业为主体的风险投资，风险是其考量的首要因素，一般不会投向基础研究和应用研究领域，主要投向科技成果转化的阶段。这一点，前述国际比较中的相关研究结果可以说是较好的说明。此外，虽然 GDP 与 R&D 经费投入在实证分析中也体现出了较强的关系，但是，需要说明的是，世界上典型创新型国家基本都规定了 R&D 经费投入是与 GDP 增长的比例相一致的，对此，我国也不例外。我国虽没有明确的比例规定，但是却提出要保证 R&D 经费投入将持续稳定增长。基于此，近年来，随着我国 GDP 的不断增长，相应的 R&D 经费投入增长也就是理所当然之事。所以说，GDP 增长对 R&D 经费投入增长并不具有相应的政策意义。

(2) 税收优惠政策在推进科技创新中具有较强的政策效果。对增值税、营业税及企业所得税的实证分析，进一步验证了本研究的假设。税收优惠政策不仅有推进企业加大 R&D 经费投入的政策效果，而且，就具体的税种而言，增值税、营业税与 R&D 经费投入具有正向作用，增值税总额的增加有利于企业 R&D 经费的投入。2009 年实现增值税由生产型转向消费型后，不仅扩大了增值税的征税范围，而且也使得企业购置实验发展的设备经费可以从所缴纳的税收额中进行抵扣，从某种程度上来讲，进一步鼓励了企业在研究与实验发展方面的投资。基于此，2012 年启动的营业税改增值税的改革，可以进一步扩大增值税的征税范围，将会持续推进我国经济结构调整和转变发展方式，提高科技创新能力。此外，就企业所得税在促进企业 R&D 经费投入方面，实证分析结论与假设完全一致，即企业所得税越高，R&D 经费越低，反之亦然。因为，企业所得税与企业的利益息息相关。如果企业所得税增加了，则必然导致企业总收入的下降，进而使企业降低对 R&D 的投入。基于此，在我国企业 R&D 经费投入占比高达 74.04% 的情况下，企业所得税减免和 R&D 的税收抵扣在推进科技创新过程中无疑具有重要的政策意义。此外，随着党的十八届五中全会"创新、协调、绿色、开放、共享"五大发展理念的提出，近年来，绿色发展理念已深入人心，2018 年环境保护税的实施，将进一步引导企业进行转型发展。

(3) 就政府采购政策在推进我国科技创新中的作用而言，效果稍差，主要表现在政策效果的综合分析中，回归结果表明政府采购政策的弹性较小，为 0.061 341 1。可能的原因在于我国政府采购政策起步相对较晚，而且在推进科技创新中还缺乏相应的政策细则,相关的政策措施执行还存在一定问题,这也进一步印证了前述现状研究中的结果。

综上所述,从实证研究的结果来看,目前,推进我国科技创新的财政政策措施中,财政科技拨款与税收优惠政策效果相对较为明显,政府采购政策虽有效果,但不明显。另就税收优惠政策而言,企业所得税税收优惠在推进企业加大对R&D经费投入中具有良好的促进作用。基于此,在新时代要建立起以企业为主体、市场为导向、产学研深度融合的技术创新体系,实现我国经济增长由要素驱动转向创新驱动发展,不仅需要随着GDP的增长,继续加大财政科技投入力度,扩大税收减免力度,尤其是加大对科技创新型企业所得税税收减免的政策力度,进一步鼓励和引导企业加大对R&D经费的投入力度,推进我国科技创新;而且还需要进一步完善政府采购政策中的"首购"和"优先采购"科技创新型产品或服务的相关细则,降低科技创新型企业的创新风险和成本,激励科技型中小企业的发展。

第6章 案例分析：促进我国科技创新的财政政策

通过前述对国际比较视域下的现状研究以及政策效应的实证分析后，为进一步深入认识我国支持科技创新的财政政策的具体执行情况，除了需要对全国总体情况进行说明外，还应对相关财政政策措施的实践情况做进一步的梳理研究，才能有一个全面、准确的认识。基于这样的理解，接下来的研究拟先就我国科技创新的财政政策实践的总体情况做一个简单的介绍，之后选取我国第一个成立的，也是目前我国高新技术自主创新示范区中发展领先的中关村国家自主创新示范区作为研究样本，来进一步分析支持我国科技创新的财政政策措施的具体实践效果。

6.1 我国支持科技创新的财政政策总体实践情况

要对一个国家支持科技创新的财政政策的实践情况有所认识，除了财政政策工具以外，科技创新投入、产出、效率三个方面的比较和分析是较为理想的切入点。基于此，以下分别从我国支持科技创新的财政政策相关的投入、产出、效率三个方面对我国支持科技创新的财政政策总体的实践情况进行说明。

6.1.1 科技创新投入逐年增加

近年来，随着我国经济社会的快速发展，我国科技创新投入也随之逐年增加。截至2016年年底，我国的R&D经费投入达到15 676.7亿元，经费投入强度达到2.11%，经费规模居世界第二位。R&D经费投入占全球的份额由2000年的2%迅速提高到2015年的16%，与世界上典型创新型国家经费投入的差距进一步缩小（如图 6-1 所示）；此外，就从事 R&D 人员数量来看，2015 年中国 R&D 从业人员总量达到 375.9 万人，占到全球 R&D 从业人员总量的 31.1%，从业人员总数连续多年高居世界第一；科技创新成果转化为现实生产力的速度不断加快，科技进步对经济社会发展的贡献率达到 55.3%。

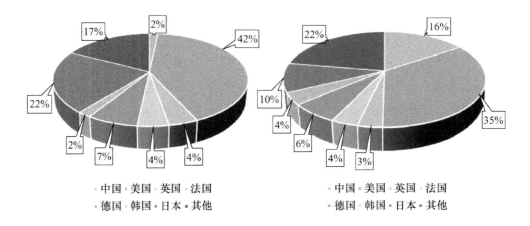

图 6-1 部分国家 R&D 经费占世界总额比例（左为 2000 年、右为 2015 年）

数据来源：《国家创新指数报告 2016—2017》。

从以上数据可以看出，进入 21 世纪以来，我国科技创新的财政投入不仅总量逐年增加，而且，投入强度也不断提高，正在逐步接近世界典型创新型国家的水平。自 2015 年起我国创新指数排名逐年上升，创新能力取得了突破性的进展。如图 6-2 所示，与 2017 年相比，2018 年中国创新指数排名（第 17 位）上升 5 位，创新指数得分（53.06 分）提高 1.01 分，与发达国家创新能力方面的差距进一步缩短。

6.1.2 科技创新取得丰硕成果

就科技创新成果来看，成果显著。截至 2015 年年底，我国研究人员发表的国际科技论文数量位居世界第二位，以衡量科技创新水平高低的 SCI 论文发表数量来看，2015 年我国 SCI 论文数量达到 28.1 万篇，占到全球总量的

14.4%，仅次于美国。就国内发明专利授权量来看，2015年，我国发明专利授权量达到26.3万件，占世界总量的37.5%，首次超越日本，居世界首位。[①]2017年，我国的国际科技论文总量比2012年增长70%，居世界第二；国际科技论文被引量首次超过德国、英国，跃居世界第二；发明专利申请量和授权量居世界第一，有效发明专利保有量居世界第三。

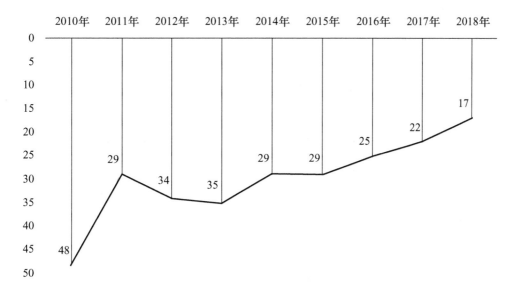

图 6-2 2010—2018 年中国创新指数排名

数据来源：《2018 全球创新指数报告》。

从以上数据无疑可以看出，进入 21 世纪以来，随着我国经济社会的发展，财政科技投入的增加，我国科技创新的成果不仅在数量上大大增加，而且在质量上也在逐步提升。

6.1.3 科技创新效率稳步提高

推进科技创新的目的在于给经济社会的发展提供战略支撑。基于此，

[①] 数据来源：中国科学技术发展战略研究院. 国家创新指数报告 2016—2017，2017.

科技创新对经济社会发展的贡献率无疑是一个较好的指标。① 关于这一指标,世界上典型的创新型国家,其科技进步贡献率基本都在 70% 以上,对外技术依存度一般都在 30% 以下(丁学东,2007)。

进入 21 世纪以来,我国的高新技术产业快速发展,科技进步贡献率呈平稳增长态势,2017 年达到 57.5%。国家创新能力排名从 2012 年的第 20 位升至第 17 位。此外,就我国高新技术产业发展来看,全国高新技术企业总数超过 13.6 万家,研发投入占比超过全国的 50%。我国正在逐步向创新型国家行列迈进,科技创新与经济发展的结合日益紧密,科技创新在经济社会发展中的作用也日益凸显,创新驱动发展正日益成为我国经济社会发展的主要动力。

综上所述,改革开放以来,尤其是进入 21 世纪以来,随着我国经济社会的快速发展,财政科技投入的增加,我国科技创新从财政科技投入、科技创新产出以及科技进步贡献率三个指标来看,都取得了较大的成绩,就发展趋势而言,正逐步向世界上典型的创新型国家接轨和靠拢。在未来的发展中,科技创新必将成为我国经济社会发展的主要驱动力。

6.2 中关村国家自主创新示范区科技创新总体情况

中关村国家自主创新示范区缘起于 1988 年建立的北京新技术产业开发试验区,是我国建立的第一个国家级自主创新示范区。经过 30 多年的发展,中关村国家自主创新示范区已逐步探索并建立起了一条以企业为主体、市场为导向、产学研深度融合的高新技术产业发展道路,并在一定程度上引领我国高新技术产业的发展方向。

6.2.1 企业是科技创新投入的主体

从 R&D 经费的投入角度而言,在中关村国家自主创新示范区内,企业是

---

① 科技进步贡献率:是指在经济增长中由科技进步导致的增长所占的比例,是反映科技与经济相结合,反映经济发展方式转变的一个综合性指标。

投入产出的主体。无论是 R&D 经费的支出，还是从事科技活动的人力资源数量和强度，企业不仅是投入的主体，而且来自企业的投入规模持续加强。2017 年，中关村企业科技活动经费支出 2 448.3 亿元，同比增长 24.1%。示范区有 48 家企业入选欧盟"全球研发投入 2 500 强"，约占全国的 1/8，上海为 36 家、深圳为 32 家，示范区成为创新型领军企业最为密集的区域。2013—2017 年示范区企业科技活动经费支出见图 6-3 所示。

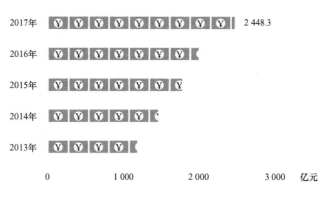

图 6-3　2013—2017 年示范区企业科技活动经费支出

数据来源：《中关村指数 2018》。

从产业类型来看，科技活动人员主要集中于高新技术产业（如图 6-4 所示）。

6.2.2　科技创新平台建设逐步完善

从中关村国家自主创新示范区产业发展角度来看，示范区内高新技术产业近年来发展迅速，主要产业在一定程度上代表着目前国际科技产业竞争的前沿领域。截至 2011 年年底，示范区内被认定为高新技术企业并纳入示范区专门统计的企业达到 15 026 家，收入规模在 500 万元以上，且增长率超过 100% 的企业共计 453 家，其中以联想、百度为代表的国内知名企业在示范区内扎根落户，以移动互联网和下一代移动通信、下一代互联网、卫星应用、节能环保、轨道交通、生物医药等为代表的高新技术产业集群目前已经基本形成（如图 6-5 所示）。与此同时，从 2017 年统计数据来看，电子与信息、生物工程和新医药、新材料及应用技术、先进制造技术、新能源与高效节能

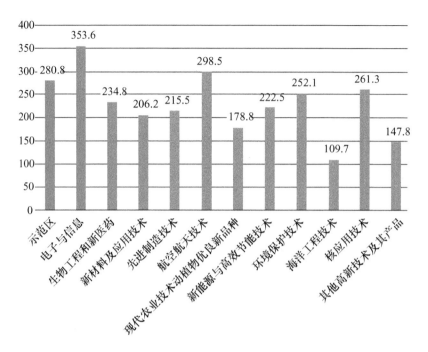

图 6-4　2017 年中关村国家自主创新示范区各重点
领域千人拥有科技活动人员数

技术、环境保护技术等行业快速发展，6 项加总占到园区高新技术产业的 91.83%，且电子与信息技术一枝独秀，占比高达 60.94%，但是，从总体上看，产业目录变化不大，各产业均得到了长足的发展。

从中关村国家自主创新示范区科技创新平台的建设来看，中关村不仅科技创新平台完善，而且目前已经成为北京市科教资源和人力资源最为密集的地区。2017 年示范区全球顶尖科学家和高校智力资源的数量继续领跑全国，拥有自然指数全球 500 强的高校和科研院所 21 所，占全国的 26.3%；入选科睿唯安"高被引科学家"达 69 人，占全国的近三成。此外，就 2016 年在中关村国家自主创新示范区内的从业人员学历分布来看，拥有大学本科及以上学历的从业人员占从业人数的比例为 52.5%，占比近五年来持续提升，与国际一流创新区域持平，如图 6-6 所示。

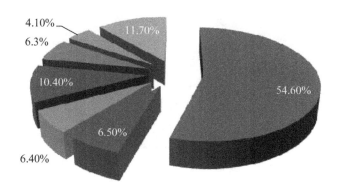

（2011年）

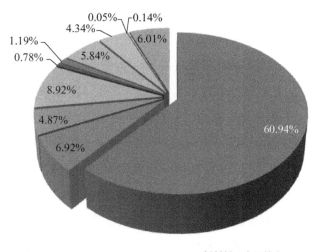

（2017年）

图 6-5 中关村国家自主创新示范区高新技术产业分布情况

6.2.3 科技创新的产出成果丰硕

从中关村国家自主创新示范区科技创新产出的角度来看，示范区专利申

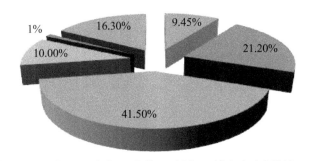

图 6-6 2016 年从业人员学历类型分布情况

数据来源：中关村科技园区管理委员会，中关村年报数据 2017。

请和授权量持续增长。2017 年企业专利申请和授权量分别为 7.4 万件和 4.3 万件，同比分别增长 6.7% 和 19.4%。企业万人发明专利授权量为 72 件，近五年内翻了一番，与创新标杆区域差距进一步缩小。同时，企业专利质量不断提升。2017 年企业发明专利授权量为 1.9 万件，占专利授权总量的四成，比上年提高 2.8 个百分点；企业 PCT 专利申请量为 3 652 件，同比增长 14.6%。企业专利技术的先进性、经济及社会效益日益凸显。

综上所述，从中关村国家自主创新示范区科技创新的情况来看，其初步形成了以企业为主体、市场为导向、产学研深度融合的技术创新体系，科技支撑经济社会发展的能力日益凸显，产业涉及领域几乎涵盖当今国际竞争的所有前沿领域，在一定程度上代表了未来我国科技创新的方向。

6.3　中关村发展各个阶段的支持科技创新的财政政策

前已述及，中关村国家自主创新示范区经过 30 多年的发展，科技创新成果丰硕。但是，这些成果的取得主要取决于什么因素，财政政策在其中扮演了什么角色，在没有充足数据的支撑下做出这一判断非常困难。因此接下来，本文在对中关村不同发展阶段中的政府财政政策进行分析的基础上，对财政政策在推进中关村国家自主创新示范区科技创新过程中的政策作用和效果进行判断。

需要说明的是，中关村国家自主创新示范区发展过程经历了四个阶段：①20 世纪 80 年代初电子一条街时期（1983 年 1 月—1988 年 4 月）；②北京市新技术产业开发试验区时期（1988 年 5 月—1999 年 5 月）；③中关村科技园区时期（1999 年 6 月—2009 年 2 月）；④中关村国家自主创新示范区时期（2009 年 3 月—）。中关村的发展历程如图 6-7 所示。

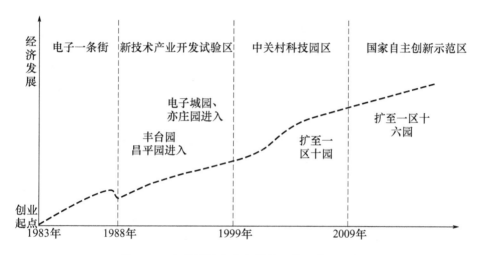

图 6-7　中关村国家自主创新示范区发展历程

由图 6-7 可知，中关村真正开始作为高新技术产业发展园区的时间是从 1988 年开始的，所以，本书的研究范畴也仅是对 1988 年后的三个阶段推进科技创新的财政政策进行分析，以期找出其中的发展轨迹。

6.3.1　新技术产业开发试验区时期的支持科技创新的财政政策

在这一发展阶段，从国家制度层面的支撑来讲，国务院先后于 1988 年、1995 年发布了《国务院关于深化科技体制改革若干问题的决定》（已失效）、《中共中央、国务院关于加速科学技术进步的决定》两个决定；此外，于 1993 年制定了《中华人民共和国科学技术进步法》（已被修改，2007 修改），1996

年颁布实行了《中华人民共和国促进科技成果转化法》（已被修改，2015 修正）两部法律，其中都涉及促进我国科技创新的财政政策措施，前已述及，不再赘述。这些法律和决定的发布，实质上为地方政府和中关村新技术产业开发试验区相关政策的制定提供了依据和良好的政策环境。

反映在地方政策上，在1988年新技术产业开发试验区成立后，为了加快推进高新技术产业开发试验区建设，北京市制定的《北京市新技术产业开发试验区暂行条例》（以下简称《暂行条例》）和《北京市新技术产业开发试验区暂行条例实施办法》随之发布，其中用专章规定了推进科技创新的财政政策，主要内容包括以下几个方面。

首先，税收减免政策。一是《暂行条例》规定对开发试验区的企业减按15%的税率征收所得税。如果产品涉及出口的，出口产品的产值达到当年总产值的40%以上，可以向税务部门申请，进一步降低税率，减按10%的所得税税率征收所得税。二是对开发试验区新建立的新技术企业，自企业成立之日算起，3年之内免征企业所得税。如果经企业申请，由北京市人民政府指定部门批准的，在企业成立后的第4—6年，仍然可以按照前项规定的税率，减半征收企业所得税。此外，就开发试验区内高新技术企业产品生产或进口的原材料等，经企业申请，海关批准后，可以在开发试验区内设立保税仓库或者保税工厂。在相关的税收政策上，以实际加工的出口产品数量，免征增值税、进口关税以及进口环节产品税，并规定对出口产品免征出口关税。对新技术企业进口国内不能生产的仪器、设备，并用于新技术开发的，经海关审核后，新技术企业可以在5年内免征进口关税。

需要说明的是，条例还提出，在开发试验区内的企业，应设置"国家扶植基金"会计科目，并规定减免税款的提取要单独核算，对减免税款的用途也做了详细的规定，即只能将资金专项用于企业新技术开发和生产的发展，不得另作他途。

其次，该条例还对开发试验区的建设等制定了相应的财税政策，诸如规定：对开发试验区内新技术企业用于新技术产品开发的设备和仪器，可以采用加速折旧的办法；从1988年开始，对以自筹资金建立，并用于技术开发的生产和经营用房，5 年内免征建筑税；此外还规定，对于开发试验区内营业的银行，可以从利息收入中提取一定比例的资金，建立贷款风险基金，同时，开发试验区内还可以设立中外合资的风险投资公司等。

最后，关于财政科技投入政策，需要特别说明的是，从相关条例来看，并没有明确提出。对此在条例中唯一有所体现的是，以 1987 年为基数，对开发试验区内企业缴纳税款中新增部分，5 年内全部返还给海淀区。由于当时还是财政包干体制，该返还的具体执行方式是，先由海淀区财政局将新增税款按中央、市属、区属分别汇总，上报市财政局审核并退库，最终在年底进行决算时，拨付给海淀区以专项资金的方式用于开发试验区的建设。

综上所述，从以上两个政策文件中支持科技创新的财政政策相关内容来看，在新技术产业开发试验区建设初期，针对开发试验区建设的财政政策主要以税收减免政策为主，而且仅以开发试验区企业所得税和进出口关税减免为主，并没有相关的基础研究、应用研究以及实验开发等项目的减免税收。就财政科技投入政策而言，可能是受当时"财政包干"体制的影响，也没有直接的财政科技投入，仅将税收的增加值进行返还，且返还的资金仅限于开发试验区的建设。此外，关于政府风险投资，主要以开发区内银行的贷款利息收入中的一部分资金来建立，其他的途径和方式并没有被提及，更没有提出政府风险资金的投入措施。至于政府采购政策，条例中并没有相关的规定。总之，从这一时期中关村支持科技创新的财政政策中可以看出，此时，支持科技创新的财政政策措施基本上还处于尝试阶段。

6.3.2 中关村科技园区时期的支持科技创新的财政政策

在这一发展阶段，从国家宏观制度层面的支撑来讲，与科技创新相关的新制度建设是 2002《中华人民共和国政府采购法》（已被修改，2014 修正）和 2007 年修订后的《中华人民共和国科学技术进步法》的颁布施行。此外，这一阶段需要特别强调的是，2006 国家制定并颁布了《国家中长期科学和技术发展规划纲要（2006—2020 年）》和《实施〈国家中长期科学和技术发展规划纲要（2006—2020 年）〉的若干配套政策》，在十项配套政策中，财政政策就占了三项,其中对促进科技创新的财政科技投入、税收优惠以及政府采购政策做了更加详细的规定,对此,前已述及。从具体的政策措施和规划来看,这一阶段支撑科技创新的财政政策措施规定更具综合性,政策措施也更加完善,尤其是对政府采购政策在促进科技创新中的作用和政策措施首次予以明确。

反映在地方政府政策措施的制定上,在1999年中关村科技园区建立后,北京市随即制定并颁布了《中关村科技园区条例》,从条例规定的财政政策内容可以看出,财政政策倾向支持和鼓励企业、高等学校以及科研机构联合从事技术创新项目的研究开发活动,并对从事相关技术开发的高校教师和科研机构给予更加自由的人事政策,比如:科研机构和高等学校的科研人员和教师可以离岗在中关村科技园区创业,凡离岗创业的人员,若经原初单位与本人合同约定的,在合同期内可以继续在原单位保留其人事关系,还可以回原单位参与重新竞争上岗。

此外,在中小企业融资方面,也出台了更加灵活、多样的政策。主要体现在以下两方面。一方面对科技园区内的风险投资制定了具体规定:①境内外各种投资主体可以在中关村科技园区开展风险投资业务,鼓励境内外民间资本在中关村科技园区设立风险投资机构;②对风险投资机构的合作形式做了具体的规定;③明确了风险投资退出的几种方式,如企业购并、股权回购、证券市场上市等措施。另一方面针对中小企业发展资金的短缺问题,也提出了具体的指导性意见:①鼓励设立中小企业创业投资基金,在投资方式上,提出要灵活运用股权投资、配套资金拨款等方式,以支持园区内的中小企业从事技术创新活动;②北京市人民政府设立了中关村科技园区高新技术产业发展资金,以国有资产经营公司的风险投资或者采用贷款贴息的方式,为中关村科技园区内规模化生产的高新技术产业项目提供资金;③鼓励企业等市场主体依法设立信用担保机构,为在中关村科技园区内的中小企业提供融资担保。

除了以上《中关村科技园区条例》中具有普遍指导意义的政策措施外,1999年,北京市还制定并出台了《北京市人民政府关于进一步促进高新技术产业发展的若干政策》，其中就支持高新技术产业发展的人力资源政策、财政科技投入政策、税收优惠政策、政府采购政策以及投融资政策等做出了更加明确的规定。

首先，就财政科技投入而言，政策文件中明确提出，要不断加大财政科技投入力度，使北京市的科技经费年增长率不低于20%。具体做法是，市、区（县）两级财政，以上一年为基数，将科技园区内高新技术企业所缴纳的企业所得税中新增部分的50%，以预算的形式安排用于支持北京市高新技术产业的发展。此外，为了支持高新技术企业自建研发机构，给予企业自办或与科研院所、国有企业、外资企业联合设立的、具有独立法人资格的研究中心高新技术企业的待遇，对技术或工程中心的主要研发项目，可以给予科技经费资助。

其次，在税收优惠政策措施方面，一是提出要对新购进科研设备进行税收减免。这一点比较好理解，在此不做具体解释。二是提出要对高新技术产业发展项目进行税收返还。如文件规定，从1999年起实施以下政策：①经有关部门认定的高新技术成果产业化项目，从销售之日起计，三年内企业所得税中地方分享部分由市、区县财政全部返还项目所在企业；②经市有关部门批准设立的孵化基地，三年内所缴纳的税收中的地方收入部分，由市、区县财政以先征后返的形式予以补助；③经市有关部门认定的技术交易市场，三年内所缴纳的所得税中地方分享部分，由市、区县财政全部返还等。

再次，在政府采购方面，文件提出，政府采购政策要充分发挥对高新技术企业的扶持作用。对此，北京市要定期发布政府采购政策所要扶持的高新技术产业目录和最新动态，以引导企业从事高新技术产业的研究开发和相关产品的生产。此外，还规定要采取预算和招投标的方式，确保政府部门优先采购高新技术企业的产品。

最后，在风险投资政策方面，不仅就风险投资资金的筹集提出了解决办法，如提出由市政府设立技术创新资金，由财政局、科委、管委会等部门以政府出资的方式引导风险投资机构的设立，以求实现多渠道筹资的目的，并提出从1999年起的三年内，每年的筹资金额不低于2亿元，以支持北京市的高新技术产业发展。此外，还提出北京市要进一步发挥风险投资公司和政府担保资金在支持高新技术企业发展中的作用，加快设立以政府引导资金与民间资本为主体的高科技风险投资公司和担保机构；不断探索并建立起适合高新技术企业发展的产权交易系统，以更加高效的方式促进高新技术企业的产权流动等。在风险投资政策实践上，2003年，中关村科技园区为了满足高成长的企业融资的需求，制定并实施了"瞪羚计划①"，有效地解决了高成长性企业的融资难题，促进了园区内高新技术产业的发展。

综上所述，从这一阶段中关村推进科技创新的财政政策措施来看，支持科技创新的财政政策措施更显综合性，不仅有详细具体的财政科技投入、税收优惠政策措施，同时也对政府采购政策、风险投资等政策措施在推进科技创新中的作用方式提出了明确的指导性意见，虽然没有明确的细则，但是至少为下一步相关政策的完善提供了思路。此外，需要强调的是，这一阶段中关村支持科技创新的财税政策呈现出一个新的特点，那就是进一步对参与科技创新的人力资源的引进和培养给予支持。

6.3.3　中关村国家自主创新示范区时期的支持科技创新的财政政策

在这一发展阶段，从国家宏观制度层面的支撑来讲，2010年《国家中长期人才发展规划纲要（2010—2020年）》与《国家中长期教育改革和发展规划纲要（2010—2020年）》颁布实施，2012年《中华人民共和国政府采购法实施细则》开始公开征集意见，其中都不乏推进科技创新的相关详细规定，前已述及，不再赘述。在具体的财税政策上，需要强调的是，我国于2009年实施的增值税由生产型向消费型的转变，使得企业新购设备可以进行税收抵扣，进而推动企业加速设备更新、优先采用先进技术设备，确保企业用更先进的技术设备来生产产品，有利于提高我国产品的国际竞争力。紧接着，2012年国家开始推行"营业税"改"增值税"试点，这一举动，不仅进一步扩大增

---

① 瞪羚计划：将企业信用评价、信用激励和约束机制同担保贷款业务有机结合起来，通过政府的引导和推动，构建高效、低成本的担保贷款通道。

值税抵扣的范围,而且,进一步推进行业分工和专业化,进而推进科技创新的实现。

此外,针对中小型科技创新型企业发展而言,2013年财政部和国家税务总局颁布的《关于暂免征收部分小微企业增值税和营业税的通知》无疑是一个巨大的利好,通知指出:"为进一步扶持小微企业发展,经国务院批准,自2013年8月1日起,对增值税小规模纳税人中月销售额不超过2万元的企业或非企业性单位,暂免征收增值税;对营业税纳税人中月营业额不超过2万元的企业或非企业性单位,暂免征收营业税。"这一举措,也促进我国科技创新型中小企业的发展。

就支持科技创新的财政政策措施而言,2009年中关村国家自主创新示范区的获准成立,标志着中关村科技园区的发展步入了一个新的发展阶段。从这一阶段国家颁行的相关财政政策来看,支撑科技创新的财政政策相对比较具体、细致,且更具综合性。就综合性而言,《中关村国家自主创新示范区条例》的颁行就是最好的说明,内容涵盖支持科技创新的方方面面,如对科技企业的扶持、融资、人力资源、管理体制、技术成果转化、知识产权保护等。就支持科技创新的财政政策的具体化和细致化而言,在以下几个政策文件中体现得非常充分,如财政部、国家税务总局颁布的《对中关村科技园区建设国家自主创新示范区有关研究开发费用加计扣除试点政策的通知》中,对相关研究开发费用的扣除项目做了更加清晰的规定,如新产品的设计费、新的工艺规程制定费、与研究开发相关的图书费、资料费、翻译费、消耗的材料费、燃料费、动力费、研究开发用的仪器设备折旧费或租赁费以及设备的维护、调整、检验、维修等费用等,都可以进行加计扣除。此外,对发生的研究开发费用进行收益化和资本化处理,也制定了具体的扣除标准。如研究开发未形成无形资产的,允许再按其当年研发费用实际发生额的50%直接抵扣当年的应纳税所得额;形成无形资产的,按照该无形资产成本的150%在税前进行摊销,摊销年限不得低于10年,法律另有规定的除外。

在《关于中关村国家自主创新示范区企业转增股本个人所得税试点政策的通知》中则规定,对示范区内的中小高新技术企业,以未分配利润、盈余公积、资本公积向个人股东转增股本时，如果个人股东在一次性缴纳个人所得税有困难的情况下，经主管税务机关审核，可以采取分期缴纳的方式，但最长不超过5年。在《关于中关村国家自主创新示范区有限合伙制创业投资企业法人合伙人企业所得税试点政策的通知》中规定，注册在示范区内的有限合伙制创业投资企业采取股权投资方式投资于未上市的中小高新技术企业2年（24个月）以上，可在有限合伙制创业投资企业持有未上市中小高新技术企业股权满2年的当年，按照该法人合伙人对该未上市中小高新技术企业投资额的70%，抵扣该法人合伙人从该有限合伙制创业投资企业分得的应纳税所得额，当年不足抵扣的，可以在以后纳税年度结转抵扣。

综上所述，可以看出，这一阶段中关村支持科技创新的财政政策措施主要有以下三个特点。第一，除了政策措施本身更加完善外，国家层面上也出台了人力资源政策和教育政策作为补充，实质上是对支持科技创新的财政政策提供了强有力的支撑。第二，在财税政策上，随着我国增值税转型、营改增以及国家针对中小企业暂停征收营业税和增值税等政策措施的发布，不仅有利于降低企业从事研究与实验发展的成本，而且将企业研究与开发的注意力逐渐集中到国家发展的关键行业和领域。如此，实质上是为科技创新的实现提供了较强的激励。第三，从这一阶段北京市和中关村出台的支持科技创新的财政政策措施来看，并没有大的政策规定出台，似乎只是对前一阶段政策措施的补充和完善。然而，在这一阶段需要重点说明的是，支持科技创新的财政政策宏观环境更加有利于各个创新主体参与科技创新。尤其是《国家中长期科学和技术发展规划纲要（2006—2020年）》和《实施〈国家中长期科学和技术发展规划纲要（2006—2020年）〉的若干配套政策》的颁行，实质上是为支持科技创新的财政政策做出全面、细致的规划，为地方政府和中关村国家自主创新示范区支持科技创新的财政政策建设与完善提供有力的政策依据。基于此，地方政府和中关村国家自主创新示范区出台并细化相应的政策措施也是理所当然之事。而从中关村国家自主创新示范区的支持科技创新的财政政策来看，实质上也正是对这一趋势的呼应和执行。

6.4 中关村国家自主创新示范区支持科技创新的财政政策的执行

6.4.1 中关村的管理体制

中关村国家自主创新示范区的前身,是 1987 年我国建立的第一个国家级高新技术产业基地。在 30 多年的发展历史中,经过不断地发展和扩张,园区现已成为国家自主创新示范区中关村国家自主创新示范区作为示范区科技产业发展的促进机构,依据北京市的地方立法《中关村国家自主创新示范区条例》,中关村科技园区管理委员会(简称中关村管委会,是北京市政府的派出机构)负责对中关村科技园区发展建设进行综合指导。因此,可以从该机构的主要职能设置上,了解其管理体制的运行状况。

首先,从国家层面来讲,国家相关政策对中关村的发展具有指导意义。因为中关村国家自主创新示范区是国家级创新示范区,所以国家的相关政策对中关村的发展具有重要的指导意义。

其次,从北京层面来讲,中关村管委会是北京市派出的指导园区建设的综合指导机构,这一点主要体现在管委会的相关职能上:①国家相关法律法规以及政策措施的落实,制定园区发展规划和相关改革方案;②研究制定园区发展和管理的相关政策,并起草地方性法规、规章等草案;③协调整合园区内资源,开展园区创新创业、高新技术研究开发及其成果产业化、人力资源、中介组织、知识产权保护等方面的服务工作;④负责管理市财政拨付的园区发展的专项资金并监督使用,同时,还对中关村发展集团股份有限公司市级财政投入资金履行出资职责,依法对其国有资产进行监督管理。基于此,可以看出中关村管委会是中关村国家自主创新示范区的具体管理和协调机构。

最后,从各区县层面来讲,16 个分园实行市、区双重领导,在实际执行中，以区县为主，尤其是管委会相关的政策要由区县来落实。这一点，在各园区的政策措施中得到充分的体现，因为，各园区不仅要执行国家的政策、北京市的政策以及中关村的政策，而且也都针对其各自的发展重点制定了推进辖区内园区发展的相关政策措施。

综上所述，中关村国家自主创新示范区的管理体制是，以国家和北京市政府的政策为指导、以区县属地指导为主、由中关村管委会代表北京市政府具体管理和协调，各区县园区依据管委会规划和相关规定，并针对各区县具体特点执行的一种综合性、多重管理体制。

6.4.2 北京市对支持科技创新的财政政策的执行

关于北京市对支持科技创新的财政政策的制定与执行，主要是针对财政科技投入政策和政府采购政策，因为税收优惠政策在国家的相关政策法规中已经规定的相对具体、明确。以下就专项配套资金进行说明。

首先，从重大专项资金的筹集和监管来看，重大专项资金包括中央财政投入、地方财政投入、企事业单位投入、金融机构融资以及其他社会资金的投入等。同时，在资金筹措上，坚持多元化的原则，中央财政设立专项经费支持重大专项的组织实施，并引导和鼓励地方、企业、金融机构等方面的资金投入。在监管上，按资金来源采用不同的监管方式：对来自中央和地方政府财政的专项经费，应严格按照国家预算管理的要求和财政资金管理的有关规定来进行监管；而对于其他来源的资金，则按照"谁出资，谁监管"的原则，以及出资机构的相关管理规定进行管理，并且确保对国家重大专项经费的使用采取单独核算，专款专用。

其次，就重大专项资金使用的流程来看，一般先由中华人民共和国科技部负责协调科技计划与重大专项的衔接，并牵头组织研究制定重大专项实施的相关科技配套政策措施；其后，由中华人民共和国国家发展和改革委员会牵头组织研究制订重大专项组织实施中的相关产业配套政策，并负责协调国家重大工程项目与重大专项的衔接等事宜；最后，由中华人民共和国财政部负责研究制定与重大专项相关的配套财税政策，并负责重大专项资金的使用和监管。

最后，在北京市层面上，则需要对重大专项的项目进行资金配套。对此，北京市政府通过设立重大科技成果转化和产业项目资金联席会议来具体负责。其主要职责是统筹国家重大专项项目的实施以及资金配套工作，具体包括审定项目资金配套方案、政府股权投资方案、重大项目资金配套方案调整，确定出资部门和额度等。在实践当中，一旦中央政府专项投入资金确定后，北京市就要针对中央政府的专项投入进行资金的配套。通常情况下，资金来源于联席会议成员单位和相关牵头部门的年度预算和市财政的新增财政收入，而资金范围则属于北京市重大科技成果转化和产业项目。

需要注意的是，北京市重大专项配套资金的支持重点是承诺将研究成果在北京市落地的产业化项目，在财政政策支持上，一般主要采取直接补助和股权投资等方式。

6.4.3 各区县对支持科技创新的财政政策的执行

中关村国家自主创新示范区包括"一区十六园"，各个园区都有自己的功能定位，而且在管理体制上实行市、区双重领导体制，在实际政策的制定与执行中，以区县为主。以下以"东城园"为例进行介绍。首先，其园区定位是国家和北京市发展文化创意产业和高新技术产业的重要载体。其次，在推进这些产业发展的优惠政策措施上，包括三个方面：一是享受国家、北京市关于促进文化创意产业发展的政策；二是享受中关村国家自主创新示范区所有支持高新技术产业发展的政策；三是享受北京市东城区针对促进文化创意产业、低碳、中医药、戏剧演出等产业发展的政策等。最后，"东城园"依据相关产业的发展需要，将与产业发展相关的工商税务、公共信息、创业孵化、公共交流、人事人才、法律维权、投融资、中介等服务内容纳入其中，构成了支持相关产业发展的、比较系统的公共服务平台体系。对此，其他园区也类似。

综上所述，可以发现，对于推进园区发展的相关政策措施的制定而言，各区县政府无疑是主体。

6.5 本章小结

见微而知著，通过对中关村国家自主创新示范区各个阶段推进高新技术产业发展和支撑科技创新的财政政策的梳理，结合前述我国与典型创新型国家支持科技创新的财政政策的比较以及实证分析，一方面可以充分认识到中关村国家自主创新示范区支持科技创新的财政政策的优点及存在的问题；另一方面可以对我国支持科技创新的财政政策的进一步发展、完善提供一个基本的方向性认识。

（1）从中关村发展各个阶段推进高新技术产业发展和科技创新的财政政策来看，目前已经相对比较成熟、完善，初步形成了以企业为主体、市场为导向、产学研深度融合的技术创新体系。而且，从第二阶段以来，科技园区推进高新技术发展和科技创新的财政政策更趋综合性，不仅引入政府采购政策和风险投资政策来支撑科技创新，而且，人力资源政策也开始起步，借以鼓励创新型人力资源投身于中关村高新技术产业发展当中。这一点，与欧洲等国近年来推进科技创新的政策措施不谋而合，在一定程度上代表了未来一段时间内我国支持科技创新的财政政策的方向。此外，从中关村发展第三阶段推进高新技术产业发展和支持科技创新的财政政策的相关政策措施来看，政策措施的具体化是第三阶段的重点，这一点，应该也是我国推进科技创新的财政政策进一步优化的方向。

（2）在看到中关村国家创新示范区支持科技创新的财政政策优点的同时，对比国际上典型创新型国家支持科技创新的财政政策措施可以发现，依然存在如下问题：一是政策措施缺乏系统性，主要体现在各种政策零散地分布于各个文件和财政及税务部门的通知当中，缺乏对园区发展规划的整体考虑；二是税收优惠方式过于简单，从以上文件梳理中发现，中关村推进科技创新的税收优惠政策主要是税率优惠、税收减免和抵扣以及加速折旧等措施，并没有充分利用国际上通行的用以鼓励企业投资的投资抵免、延期纳税、亏损结转等政策措施；三是市级财政科技投入充足，而区县政府对示范区科技创新的财政投入力度还不够。中关村国家自主创新示范区包括"一区十六园"，在区县的示范区实行市区双重领导，在实际执行中以区县为主，尤其是管委会相关的政策要由区县来落实。所以，对区县园区内的财政科技配套投入而言，一方面取决于区县政府的财政收入和对园区发展的重视程度，另一方面也容易使得区县政府产生依赖倾向，寄希望于国家、北京市以及中关村管委会加大对园区内的财政科技投入。这种管理现状和相互博弈的情境，必然导致区县政府对园区内的财政科技投入不足。

（3）看到取得的成就和存在的问题，实质上也为下一步完善我国支持科技创新的财政政策提供了思路。第一，支持科技创新的财政政策制定应该更趋综合性，政策内容不仅要涵盖财政科技投入、税收优惠、政府采购政策以及风险投资等；而且还应将人力资源政策、教育政策以及鼓励产学研深度结合的相关财政政策措施等囊括在相应的政策体系当中，并将其进一步具体化、透明化和规范化。第二，由于中关村国家自主创新示范区以发展高新技术产业为主体，这一原因导致对具有共性技术开发的相关项目和基础研究等项目的投入相对较少，而这些又是示范区进一步发展的关键支撑。基于此，政府部门要加大对基础研究和具有共性技术开发的研究投入，为企业的创新创业提供一个良好的环境和平台。第三，在财税政策制定上，要进一步鼓励创新型人才的引进和相关人力资源的开发与培养，唯有如此，才能为示范区的发展注入新的活力和带来新的机遇。第四，需要进一步强调的是，支持科技创新的财政政策措施的制定还要考虑科技创新成果的转化，尤其是对中小型创新企业而言，更为重要。从这一层面来讲，政府采购政策和风险投资政策的进一步完善无疑具有重大的意义。

第7章 结论与政策建议

7.1 研究结论

结论一 从总体上来看,我国已初步建立起了推进科技创新的财政政策体系。具体而言,表现在财政科技投入逐年增加,R&D经费投入强度不断提高;税收优惠政策措施不断推陈出新,并逐步与典型创新型国家接轨;政府采购相关法律法规和规章不断出台,并在具体化、明确化方面持续改善;政府风险投资政策,尤其是股权投资政策也正在逐步完善。但是,也要看到,我国支持科技创新的财政政策具有典型的新时代追赶特征。典型表现:无论是国家主体还是企业主体,在财政科技经费投入中,投向基础研究的经费相对较低,投向应用研究和试验发展的经费相对较多;税收优惠政策措施表现相对较为规范、明确;政府采购政策在推进科技创新中的政策措施还不完善,尤其是还不够具体化、透明化、细化;政府风险投资政策虽然起步晚,然而在推进科技成果转化方面效果明显,但仅体现在国家创新示范区内,下一步需要持续将成功的经验和做法在全国推广,尤其是在政府对企业的科技创新投入方面,这无疑是提高投资效率的较好方式。

结论二 政府部门对运用财政政策推进科技创新的认识不断深化,表现在科技财政政策的综合性不断提升。近年来,财政科技投入不仅加强了对R&D经费的投入力度,而且加强了与科技创新息息相关的人力资源、教育等领域的投入,如国家近年来持续执行的"千人计划项目"和"鼓励国内高校与世界一流大学和研究机构建立联合实验室"等。这些政策内容与世界上典型创新型国家支持本国科技创新的财政政策发展趋势基本一致。但是,从国际比较中,本研究也发现,世界典型创新型国家不仅重视人才引进和联合开发，近年来也加大了对本国创新要素的投资，尤其是提高了对教育领域的投入，以加强本国科技创新人才的培养，如美国通过教育系统的改革和投入，以提高美国科学、技术、工程和数学（STEM）教育，就是对此最好的诠释。

结论三 从国家创新型系统建设的角度而言，我国科技创新的各个主体在推进科技创新中的角色定位和作用发挥还不充分，主要表现在政府部门、研究机构、高等学校、科研中介、企业以及市场之间的结合还不紧密，以市场为导向的技术创新体系还不完善。这一点与典型创新型国家的差距比较大。因此，在接下来的改革中，通过国家创新体系建设与相关领域的改革，使各个创新主体各司其职、各归其位、各按其序；同时，在促进创新主体之间合作的制度制定与政策机制设计上，应鼓励以市场需求为导向的联合开发，成为进一步改革的方向。

7.2 新时代我国支持科技创新的财政政策优化思路

就新时代我国支持科技创新的财政政策完善和优化而言，需要考虑三个方面的问题：一是目前我国相关政策的改革完善的空间有多大；二是从什么地方着手，也就是完善或优化的路径在哪里，具体包括哪些方面；三是财政政策只是推进科技创新政策中较为重要的一项政策，在推进科技创新的过程中，财政政策是如何与其他创新政策之间衔接与兼容的，这也是新时代我国支持科技创新的财政政策优化的重要内容。

7.2.1 新时代我国支持科技创新的财政政策优化空间

首先，新时代意味着我国既要保持经济发展的速度，维护国家政治安全和社会稳定，这是前提和基础，又要随着经济社会发展所出现的新情况来不断完善相关的制度和政策。从保持经济可持续发展的角度而言，当今世界国际经济发展的现实是，一国或地区经济发展的可持续性已经成为一种意识形态。贝尔则指出："虽然经济增长没有像民族主义那样有强烈的感召力，也不具有其他用以动员社会的思想意识那样的感召力，但是，毫无疑问，目前它已经成为西方工业社会的一个重要信条,政府倘若不承担经济增长的义务,又能向他们的人民提出什么作为社会目标呢?"也就是说,政绩已经成为一国政府合法性的重要来源。对此,我国也不例外。此外,就全球经济竞争而言,全球化背景下国家之间的竞争也使得各国政府将经济增长作为核心目标,经济增长已然成为现代国家的"生命"——只有积极不断发展,现代社会才能得以延续;一旦经济停滞,社会也会随之陷入危机。近年来发生的世界性经济危机、金融危机就是对以上问题的最好诠释。

因此,在当今世界,一国或地区的经济增长已经成为经济社会的"世俗宗教"、政治团结的基础、社会稳定的基石。这一点在我国的经济社会发展实践中也得到了切实的反映。因为,对于中国经济的发展而言,保持一定经济增长率是我国经济社会发展的必然要求,同时也是政治稳定的保障。然而,目前以高投入、高消耗、高污染、低效率为特征的粗放式发展模式,在"后有追兵,前有壁垒"的国际大环境下,不仅有可能陷入"中等收入陷阱"的风险,出现经济停滞,社会矛盾凸显,甚至是社会动乱;而且,随着社会民主意识的觉醒,人们对于过上美好生活的期待日益迫切,导致经济发展具有"不可逆性[①]"。在这种背景下,如果不能实现经济发展方式的转变,不能在国际分工的价值链上有所提升,也就不能实现我国经济社会的可持续发展和增长,那么其他的一切都是空谈。可以说,经济社会的可持续发展,是我国社会稳定及进一步完善相关制度的前提和基础。

从我国各项制度、政策建设的角度而言,新时代又为我国的制度建设和政策措施的完善提供了较大的操作空间。因为,新时代一切都在变化当中,体制、机制的稍稍改变,就会使得相关的政策措施也要相应地改变,而且,新时代的体制、机制的变化,从某种程度上来讲往往都带有追赶、跨越的特点,所以,相关制度的建设、政策制定不仅要借鉴国际上典型发达国家的相关制度和政策措施,还要具有一定的超前性。

[①] "不可逆性"主要是指生活水平的不可逆,也就是说人们的生活水平在一定水平上,如果出现下降,可能会引发社会不满。

就新时代我国支持科技创新的财政政策完善而言，相关制度的建设，政策措施的制定，不仅要借鉴典型发达国家相对比较成熟的做法和经验，而且也要回应新时代我国主要矛盾的变化和现代化经济体系建设的内在需求，不仅要有超前性，还要有一定的力度和强度。在当下，就是要加快我国经济发展新旧动能的转换，也就是要加快推进科技创新，为经济发展的"转方式、调结构、促升级"以及实现由要素驱动、投资驱动转向创新驱动发展提供战略支撑。对此，体现在支持科技创新的财政政策上，就是要不断加大财政科技投入力度，提高投入效率；同时，不断完善税收优惠政策，加快制定详细的支持科技创新的政府采购政策和全国性政府风险投资政策。总之，就是要在政策的力度、强度以及效率上更加重视。

其次，从国家创新体系建设的角度来看，我国支持科技创新的财政政策还不完善。国家创新体系的良序运转，需要体系内的各个组成要素，包括政府部门、科研院所、高等学校、企业等各归其位、功能互补、相互协同，唯有如此，才能推进科技创新的不断实现。需要说明的是，在该系统当中，政府部门的主要职能应是通过制定科技规划和产业政策、法律法规，并用法律法规规定的行政手段进行科技创新资源配置，借以保证系统整体的有序运行和国家战略目标的实现；对科研院所而言，其职能主要在于面向国家战略需求、世界科学前沿以及围绕我国的经济建设、国家安全与实现经济社会可持续发展的现实需求，开展具有基础性、前瞻性以及战略性的研究活动；对高等学校而言，应以从事基础研究为己任，同时，对高新技术发展的前沿领域进行探索，以实现知识创新并传播知识；企业则应以应用新知识和新发现进行技术创新和市场开拓为主要任务，不断满足经济社会发展的现实需求。需要强调的是，科技创新主体之间的合作对科技创新来说也至关重要。因此，应紧紧围绕国家创新体系建设，针对创新体系中各个创新主体不同的功能定位，依据支持科技创新的财政政策工具的特点，有针对性地制定支持科技创新的财政政策措施，才能使不同的财政政策措施发挥最大的政策效力。所以，基于国家创新体系建设来完善和优化我国现行的支持科技创新的财政政策体系，是我国支持科技创新的财政政策进一步优化的又一着力点。

最后，从我国支持科技创新的财政政策存在的短板和问题来看，目前我国支持科技创新的财政政策措施还存在诸多问题和短板，典型表现在以下几个方面：一是针对基础研究的R&D经费投入严重不足；二是我国以政府采购支持科技创新的相关政策措施的制定还不尽详细、透明和具体；三是政府风险投资政策作用的发挥还停留在局部领域，尤其在国家创新示范区发挥作用较为明显，然而，从全国范围来看，政府采购政策和风险投资政策在支持中小型科技创新企业进行创新上的力度还不够，如近年来实体经济中小企业的融资难就是对此类问题的最好说明。因此，目前支持我国科技创新的财政政策中的薄弱环节，也为我国支持科技创新的财政政策的优化和完善提供了进一步改进的空间。

7.2.2　新时代我国支持科技创新的财政政策优化路径

本书认为新时代我国支持科技创新的财政政策体系的完善应以国家创新体系建设为依托，以提高资源配置效率、促进自主创新、推进产业结构优化升级为目标，具体政策措施完善应该遵循以下原则：政府引导与市场机制相结合；直接激励与间接引导相结合；正向激励与逆向约束相结合；全面激励与突出重点相结合。

此外，就我国支持科技创新的财政政策优化路径来看，必须从新时代我国经济社会发展的现实需求入手，以国家创新体系建设和推进国家创新体系中各个创新主体的协同配合为基础，以企业为主体、市场为导向、产学研深度融合的技术创新体系建设为参照系，紧紧围绕新时代我国主要矛盾变化和建设现代化经济体系这一现实，加快我国科技创新，以提升科技创新对经济社会发展的支撑，并针对我国现存支持科技创新的财政政策中存在的短板和问题，有针对性地进行改进和优化。

7.2.3　新时代我国支持科技创新的财政政策优化建议

首先，要持续完善和优化财政科技投入政策措施。世界上典型创新型国家科技创新的路径表明，不同经济发展阶段所面临的现实需求和困境是助推科技创新实现的前提和基础。一国经济起步阶段，经济发展层次较低，对科技创新的需求层次也相对较低，更多的是引进和模仿国外先进技术和科技创新成果，来支撑国内经济的快速发展，同时，政府在这一阶段也不断加大科技投入，推进本国科技创新。进入工业化阶段后，随着经济发展方式的转变，以及工业化提高效率对科技创新本身有了更高的诉求，一方面不仅需要政府部门加强财政科技投入，另一方面企业为提升本身效率，也要加大研发投入，进而推动了科技创新，提高了本国产品的国际竞争力。需要说明的是，这一阶段对科技投入的主体由政府为主，逐步转向政府与企业为主的"双主体"结构。进入后工业化社会阶段，以企业为主体、市场为导向、产学研深度融合的技术创新体系已经形成，市场需求成为企业科技创新的动力之源，同时，企业也相应地逐步成为科技创新的主体和R&D经费投入的主体。需要强调的是，从典型创新型国家支持科技创新的实践来看，虽然企业是科技创新主体，但是，政府投入在支持科技创新中的作用也不可忽视。此外，另一个现实是，实践证明科学技术中的核心技术往往难以通过购买或市场交换来实现，只能通过自主创新，我国科技创新发展的历程就是最好的说明。基于此，加大研究投入力度，推进本国科技自主创新就成为应有之义。

此外，从以上支持科技创新的财政政策发展路径梳理中可以发现，加大财政科技投入力度无疑是世界各国支持科技创新的主要财政政策措施之一。基于此，对于我国这样一个正处于工业化阶段，面临"转方式、调结构、促升级"的紧迫需求，要实现经济社会发展动力由"要素驱动"转向"创新驱动"的转型国家而言，通过完善和优化现行的财政科技投入政策，依靠促进科技创新来提高我国的劳动生产效率和经济的国际竞争力无疑具有重大的意义。

（1）不断加大财政科技投入强度，确保财政科技投入稳定增长。从前述研究发现，无论是世界上发达经济体，还是发展中经济体，都在发展规划中突出强调财政科技投入占GDP的比例的持续提高，并提出了具体的比例。近年来，我国财政科技投入占GDP的比例虽逐年提高，但是与典型创新型国家的差距依然较大。显然，这与我国新时代需要加快科技创新，实现由"要素驱动"转向"创新驱动"发展的需求不相适应。因此，应该继续加大财政科技投入力度，推进科技创新，为我国经济发展中的"转方式、调结构、促升级"提供强有力的战略支撑。

（2）明确科技投入的重点。一是要明确各类科技创新主体的功能和定位，财政科技投入要以促进产学研相结合和有效发挥创新体系整体效率为目的。在实践中，政府的财政科技投入应该以新时代国家的战略需求、世界科学前沿以及当前经济社会面临的重大问题为重点，紧紧围绕经济发展方式转变、结构调整、国家安全以及经济社会的可持续发展进行投入，支持创新主体开展基础性、战略性和前瞻性的研究。二是要强化对科技创新平台建设的投资，并进一步推进科技资源的共享。此外也要不断推进形成以政府财政资金为引导、社会资本投入为主体的多渠道财政科技投入的体制机制。这样做，既可以缓解我国财政科技投入不足的局面，又可以鼓励高等学校、社会资本以及企业等创新主体积极参与共性技术的开发与研究。三是要加快推进并形成以企业为主体、市场为导向、产学研深度融合的技术创新体系，进而使得企业能够真正面向市场需求，并有效回应市场需求，成为科技投入的主体和科技创新的主力军。

（3）加强财政科技投入管理，提高资金使用效率。要逐步实现对财政科技投入资金使用的统筹规划与预算管理，逐步形成稳定、规范、透明的财政科技投入体制机制，防止政出多门、资金切块管理，实行科技项目的计划制定、执行和评估相分离的管理体制，形成有效的监督和制约机制。同时，要对财政科技投入进行绩效评估，在财政科技投入资金的使用上，要分阶段评估资金使用效率，并依据实际情况适时调整。此外，在制定绩效评估的具体指标体系时，需要明白的是，因为科技创新具有公共性、外部性、风险性、战略性以及复杂性等特点，通常不宜采用投入产出的方式进行评估，而是要以国家战略需要、市场需求以及社会发展等目标为导向来制定评估指标，同时还要兼顾科技投入的连续性、示范性以及系统协调性等方面的内容。

其次，在税收优惠政策层面，从以上研究可知，目前我国关于科技创新的税收优惠政策呈现出与世界上典型创新型国家的税收优惠政策趋近的趋势，甚至在我国的某些国家级自主创新示范区内实行的税收优惠政策已经相当完备，政策措施更显综合性，对象涉及科技创新主体的方方面面，不仅对科技创新的仪器设备投入、科技收入、风险投资资金等减免相关税收，还对科技创新人力资源的开发培训与科技创新相关的教育科研项目进行税收减免，并且减免额度细化到了具体的比例。但是，需要强调的是，对于推进科技创新的税收优惠政策而言，以下三个方面仍需努力。

（1）税收优惠要逐步实现由"特惠制"向"普惠制"转变。目前我国支持科技创新的税收优惠政策，除了国家规定的优惠政策措施以外，各地方政府与国家创新示范区在实践中都有相对成熟的做法。在接下来的政策完善中，需要进一步由"特惠制"转向"普惠制"，将相对成熟的地方政策转变为全国性的政策措施。

（2）在税收优惠政策措施的落实上，目前，一些鼓励企业创新的税收优惠政策难以落实，如 R&D 支出加计扣除所得税是一项鼓励企业科技创新投入的税收优惠政策，但是执行起来却非常困难。据统计调查，2011 年该项税收优惠政策的受惠企业仅占我国规模以上工业企业的 22％，免税金额 252.4 亿元，所抵研发费用是实际发生额的 45％。此外，企业也反映，R&D 经费的重要支出——人工成本并没有被纳入抵扣范围，影响了企业对 R&D 经费的投入。① 由此，针对科技创新税收优惠政策中的落实难问题，相关部门应该采取有力的措施，如在政策的制定和执行过程中，要重视政策透明化、规范化和具体化，同时要加强监督。

（3）充分发挥税收优惠政策覆盖全部的特点，推进创新各个环节的协同创新。一方面，前述研究表明，税收优惠政策是支持科技创新的财政政策中唯一能够覆盖全部创新环节的政策工具；另一方面，从税收政策工具与其他政策工具相比而言，税收优惠政策是最能够体现政府引导市场，进而引导企业参与科技创新的市场化激励机制，只要企业所从事的活动符合科技创新政策，都在政策的覆盖范围之内，就能达到预期的激励效果。基于此，应充分

---

① 吕薇．营造环境 转变方式 推进创新驱动战略实施［J］．国家行政学院学报，2013（6）：74-78．

利用税收优惠政策的广覆盖特点，将现有的存在于各个环节的税收优惠政策进行整合，从产学研一体化的角度来推进现有税收优惠政策的整合完善，推进协同创新。

再次，完善政府采购制度。通过政府采购推进科技创新，是世界发达经济体的主要财政政策措施之一。近年来，我国的政府采购规模不断扩大，2017年我国政府采购规模达到32 114.3亿元，占财政支出的比例由2002年的4.6%提高到2017年的15.8%，全国采购合同中中小企业获得的合同份额近80%。由此可以看出，我国通过政府采购政策推进科技创新的潜力巨大。

（1）继续加快推进我国政府采购政策在涉及科技创新产品采购中规则的细化。应在相关政策规定中明确规定，在本国产品性能和国外产品相同或相近的条件下，在一定的差价范围内，优先采购本国产品；同时，对于科技型中小企业的产品，可以在政府采购政策中规定强制性采购比例，或者提供的差价优惠幅度更高一些，降低科技型企业的创新成本和风险，鼓励企业积极参与科技创新型产品的实验与开发。

（2）积极借鉴国外通过政府采购政策推进科技创新的成功经验或做法。一方面，加快完善我国保护性政府采购的法规政策体系，这是基础制度。另一方面，充分利用相关贸易政策，支持和保护相关产业的发展。如在加入GPA的谈判中，坚持适当的开放范围，只开放中央政府机构采购，不宜将国有企业、地方政府等采购主体纳入。同时，应充分研究并利用好GPA中的例外条款，支持我国科技型中小企业的发展。对一些重要领域的技术，如应用基础研究、共性技术开发等，可以采取政府订购的方式，其后续研究开发形成的产品，只要是首次进入市场，政府可以用"首购"的方式支持。

（3）实现政府采购的信息化。信息化采购不仅是当今世界上普遍采用的政府采购模式，而且也是一种公开、透明、高效率的采购模式。通过对采购信息的网上发布、网上招投标、网上审批、采购结果的网上公布、申诉、合同电子化、网上支付等公开环节，不仅打破了产品的时间空间限制，提高了政府采购效率；而且由于网上采购的公开透明，有利于加强对政府采购政策执行情况的监督检查。在看到信息化采购优点的同时，我们也发现，虽然我国近年来在政府采购的信息化建设方面发展很快,但是,依然存在条块、地域分割,各自为政,信息发布还不规范等现象。基于此,借鉴国内外成熟的经验和做法,加强并统筹我国政府采购的信息化建设,建立统一、公平、竞争有序的政府采购公共交易平台,不仅能够提升我国政府采购的效率,而且也有利于对我国支持科技创新的政府采购政策进行监督检查,进而使政府采购政策在推进科技创新中的政策效果能够充分显现。

最后,完善我国的风险投资政策体系。无论从世界典型创新型国家推进科技创新的财政政策经验来看,还是从我国国家创新示范区的财政政策实践来看,政府风险投资都是推进科技创新成果产业化效率较高的政策措施之一。此外,近年来,我国风险投资的发展趋势表明,风险投资主体、资金来源、投资方式日益多元化,投资强度日益增强,且政府风险引导资金由政府直接投资为主正逐步转向政策引导为主的间接投资,市场化程度日益提高,促进了我国支持科技创新财政资源的合理配置,提高了创新和科技成果产业化效率。但是,由于我国风险投资发展起步较晚,要充分发挥政府风险投资的作用,在新时代加快推进我国科技创新目标的实现,还需要在以下几个方面努力。

(1) 明确政府在风险投资中的定位。从国内外发展经验来看,风险投资的主要作用阶段在于科技成果的转化。基于此,市场化运行是风险投资的理想形式。因为,只有产权明晰的企业才能依据市场需求做出利于企业发展的投资决策,投资才能体现利益最大化原则,也才能将市场需求潜力较大的科技成果实现转化。在明确这一点后,风险投资政策的激励机制设置就显得非常重要。目前,在财政政策上,国际上较为普遍的做法是,一方面对非政府的风险投资进行投资项目减免税收;另一方面由政府设立风险投资引导基金,通过股权投资、担保等政策手段给创立初期的科技创新型中小企业提供资金支持,抑或通过政府资金的支持引导社会资本投向政府鼓励的项目或领域。从我国风险投资目前的发展来看,也契合这一趋势。

(2) 完善风险投资政策体系。在明确政府风险投资的定位之后,相关政策措施的完善就成为关键。就政府风险投资引导而言,从目前的实践来看,股权投资是应用较为成熟和普遍的政策,即以财政资金为基础,设立国家与地方政府的风险投资基金，并成立风险投资机构，依据市场中企业的实际需求进行投资决策。但是，在具体的投资执行当中，市场需求潜力大的科技创新型产品应该是其支持的重点。而且，在投资过程中，政府部门一般不直接参与具体项目的运作，这样做既保证了风险投资资金运作的市场化，又最大限度地调动了市场上其他风险投资资金向国家鼓励的领域和项目聚集，不仅使企业获得资金支持，又使政府基金获得了保值增值。此外，税收优惠政策也是激励风险投资资金向国家鼓励的科技创新型中小企业聚集的重要政策措施。在政策实践当中，应用较多的是对风险投资额进行税收抵扣或者减免。但是，需要强调的是，针对风险投资的税收优惠政策，要尽可能地贯穿于风险投资的全过程，从资本的输入、运行乃至风险资本的退出等环节都要涉及，企业所得税、个人所得税、增值税等与科技创新相关的税种也应涵盖其中，最终形成激励风险投资的税收政策体系。

（3）风险投资成熟做法和经验的推广。从中关村支持科技创新的财政政策措施来看，风险投资政策应用相对较为成熟，且在推进科技创新成果转化方面，政府风险投资政策中的股权投资、"瞪羚计划"等措施，无疑具有重要的借鉴意义。其不仅解决了中小型科技企业融资难的问题，而且，实践证明是一种非常有效率的政策措施。基于此，应该将这些成熟的经验或做法在全国进行推广，不仅可以有效缓解我国中小企业融资难的问题，而且也可以为我国科技创新成果的转化提供有效的资金支持。

除了上述各个政策的完善措施以外，需要强调的是，支持科技创新的财政政策之间的协调配合也是至关重要的。因为，财政政策工具各具特点，在创新的各个环节所发挥的政策作用也不一。因此，必须将财政政策工具放入国家创新体系建设的大背景下进行布局，诸如，财政科技投入应该在基础研究、共性技术研究以及国家发展需要的战略前沿和领域发挥主要作用；税收优惠政策能够覆盖全部，应该在推进协同创新方面发挥作用；政府采购政策与风险投资政策应该在支持中小创新型企业和科技成果产业化方面发挥主要作用。可以说，只有实现了各个政策措施之间的相互协调、相互补充，才能形成政策合力，消除政策盲区，以加快推进我国的科技创新。

7.3 支持科技创新的财政政策与其他创新政策的兼容思路

一方面实现创新驱动是一个系统工程,关键是要营造有利于创新的生态环境,完善创新激励机制,改革科技体制和政府支持创新的方式,更多地依托市场和竞争驱动企业创新。同时,还要加强创新基础设施建设,推动大学改革,鼓励自由探索,形成鼓励与包容创新的社会氛围。

另一方面科技创新不仅是一个复杂的过程,涵盖科学发现直至创新产品市场化的各个环节,是一个由科学发现到产品市场化实现的动态化过程;而且也是一个复杂政策体系下各种政策共同起作用的结果,参与创新主体包括政府、科研机构、高等学校、科技创新中介、企业以及相关的商业主体,各主体分别在相应的创新环节发挥相应的作用。与此相适应,科技创新的实现也是由各个阶段众多政策共同作用的结果,涉及产业政策、人力资源政策、教育政策、科技政策、技术政策以及贸易政策等。以上所有政策的有机组合共同构成了一个完整的创新协同体系。因此,在探讨支持我国科技创新的财政政策时,也需要对支持科技创新的财政政策与其他创新政策之间的关系进行说明。

(1) 财政政策与科技政策、产业政策之间的兼容思路。科技政策的目的在于实现科学发现和推进人类知识水平的提升,从而不断增强认知能力,并形成有利于对未来发展趋势做出准确判断的经验认知。然而,此类活动不仅极具风险性和不确定性,而且具有正外部性,需要通过公共研发支出、税收优惠、财政补贴以及人力资源开发等相关政策措施来支撑。就产业政策而言,其目的在于产业发展、产业结构调整以及国民经济各部门的均衡发展。在当今世界经济一体化的大背景下,产业发展水平更是代表着一国或地区的竞争力和综合国力。但是,产业发展以科学技术发展和产业化为基础,科学技术水平的高低往往决定着一国或地区的产业发展水平;与此同时,在一定程度上,一国或地区的产业政策方向也是科技创新的方向,可以说,二者互相促进,互为因果。因此,无论是从科技政策的目的来看,还是从产业政策的目的来看,财政政策无疑是二者实现政策意图的关键。

但是,当前我国正处于新旧动能转换和产业转型升级的关键节点,各项政策措施的制定,既要脚踏实地,适应经济社会发展的现实需要,同时也要高瞻远瞩,紧盯国际经济社会发展的前沿领域。具体到财政政策与科技政策、技术政策以及产业政策之间的关系上,就要既关注对传统产业的改造升级,因为我国是人口大国,虽然目前支撑中国经济发展的"人口红利"正在消失,但是,传统的劳动密集型产业依然对解决我国的就业问题至关重要;又要通过财政政策支持我国的高新技术产业发展,因为其代表着未来的发展方向,更是国家竞争力和综合国力提升的基础。在充分考虑我国国情的前提下,实现支持科技创新的财政政策与科技政策、技术政策以及产业政策的深度融合。具体到政策实践中,新时代支持科技创新的财政政策必须加大对前沿领域的基础研究支持,借以发现新知识,为科技创新提供理论之基;同时,应综合运用各种支持科技创新的财政政策措施,促进科技成果的产业化,推动我国新旧动能转换和产业结构的优化升级,进而提高我国的经济竞争力和综合国力。

(2)财政政策与人力资源政策、教育政策之间的兼容思路。人力资源是第一资源。从世界典型创新型国家支持科技创新的财政政策措施来看,加大对人力资源开发与教育事业的财政支持正逐步成为支持科技创新的财政政策所重点关注的领域。因为随着知识经济的发展,人力资源在一国的经济发展中扮演的角色越来越重要;此外,百年大计,教育为本,教育是任何国家人力资本形成与集聚的重要手段。基于此,加强在人力资源与教育领域的投资就必然成为科技创新具有持续动力与竞争领先的前提和基础。

目前,在支撑我国科技创新的财政政策措施当中,有支持人力资源与教育相关的政策措施,如科技奖励政策、国务院特殊津贴、百千万人才工程、千人计划、万人计划以及教育投入占 GDP 的具体指标(2012 年达到 4%)等。通过这些政策措施的制定执行,在一定程度上推进了我国的科技创新,并取得了较好的经济、社会效益。但是,与美国、英国以及日本等典型创新型国家相关措施相比,我国涉及人力资源政策与教育政策的财政支持并没有与科技发展实现紧密衔接。比如,2011 年美国奥巴马政府在《美国创新战略:确保国内经济增长与繁荣》中提出要制定并执行 K-12(从幼儿园到 12 年级)教育计划,在专业方面提出要加强科学、技术、工程以及数学的教育(STEM),并指出要加强对这些计划实施的财政支持。英国在《英国的愿景》中提出,为提升英国的科技创新,一方面需要加强人力资源的引进,另一方面加强本国教育,以培养高素质的科技创新人才等政策措施。反观我国的相关政策措施,则相对比较零碎、缺乏系统性。因此,在推进我国科技创新的财政政策优化中,必须以科技创新的实现为目的,加大对与创新相关的人才培养和教育领域的财政投资,确保科技创新人力资源的供给。

(3) 财政政策与贸易政策之间的兼容思路。对于转型经济体而言,一方面经济发展要依据本国的比较优势来制定相关的发展战略;另一方面引进、模仿、消化吸收再创新是工业化初期推进科技创新的必然之路,也是经济可持续发展的重要支撑。但是,随着经济社会的发展,也必然导致支撑现有经济发展的要素出现瓶颈,如我国当前经济发展中出现的资源高消耗、环境恶化、"人口红利"消失等因素导致的发展动力下降就是最好的说明。基于此,实现经济发展方式转变,推进经济发展的动力由要素驱动转向创新驱动发展不仅是发达国家走过的成熟轨迹,也是我国实现转型的必然之路。需要说明的是,在我国的经济转型历程中发现,真正的核心技术是不能够通过国际贸易的方式进行引进的,必须要走自主创新之路。

然而,对于转型经济体而言,普遍意义上的技术进步也许更有意义,继续学习、引进、模仿、消化吸收再创新依然是转型国家经济发展的重要支撑。因此,通过财政政策鼓励企业、科研机构、高等学校进行相关技术的引进就成为必然。目前,我国在高新技术引进的税收优惠、鼓励高等学校进行国际交流合作方面给予资金支持上已经有相对成熟的做法,但是,对于转型经济而言,也要随着经济发展变化相应地调整相关税收优惠目录,对出口而言,税收政策和财政补贴要向高新技术、高附加值的产品倾斜;在引进技术方面,要防止低水平重复引进,引导企业调整投资方向,进而推进国内科技创新水平的不断提高。总之,要实现支持科技创新的财政政策与贸易政策的激励兼容,就是要依据我国经济社会发展的现实需求,动态调整与贸易领域相关的进出口产品或技术引进的政策支持目录,使引进的产品和技术适合国内经济社会发展的现实需求。

综上所述,科技创新的实现不仅需要财政政策支持,还需要财政政策与产业政策、人力资源政策、教育政策以及贸易政策等政策措施之间形成激励兼容的格局。一方面世界典型创新型国家的成功经验可借鉴,尤其是典型创新型经济体在财政政策与教育政策、人力资源政策以及支持战略性新兴产业发展等政策措施的体系化方面,值得关注。因为,其不仅代表着未来的发展重点和方向,而且也是提升国家竞争力和综合国力的前提和基础。另一方面也要脚踏实地,针对新时代经济社会发展的现实需求,动态地调整相关政策措施,形成合力,为我国经济发展的"转方式、调结构、促升级"提供不竭的动力,使经济发展的支撑动力由"要素驱动和投资驱动"转向"创新驱动"。如此,将最终实现我国国家竞争力的提升。

7.4 结语与研究展望

7.4.1 研究可能的贡献

对于推进科技创新的财政政策研究本身而言,既是一个陈旧的话题,又是一个时新的主题,尤其是对于我国这样一个正处于转型阶段的发展中经济体而言更是如此。一方面,改革开放以来,随着我国经济社会的快速发展,传统发展模式下以"要素驱动"为主的发展路径日益面临着成本上升和动力不足的困境,资源、环境、"人口红利"等正逐步消失,导致发展成本日益高昂,同时,资源、环境、能源等问题也日益成为我国实现经济社会可持续发展的瓶颈和障碍;另一方面,近年来,党中央、国务院在准确判断国际经济发展趋势的前提下,将供给侧结构性改革确定为经济体制改革的着力点,并在党的十八大上明确提出要实现经济发展战略转型,即由要素驱动和投资驱动发展转向创新驱动发展。然而，这一目标实现的关键却在于科技创新。但是，对于科技创新的实现，是一个在复杂的国家创新体系下，由众多参与主体、制度、政策共同起作用的结果。就政策而言，从国内外的实践来看，财政政策无疑是重要政策之一。

本书针对新时代我国经济社会发展的现实需求，在国际比较的基础上，对世界典型创新型国家支持科技创新的财政政策发展趋势有了深入了解；又以此为基础，深入分析了我国支持科技创新的财政政策存在的不足和问题；在实证研究的基础上，对现有政策措施的效用进行了判断；进而在对中关村国家自主创新示范区的相关政策及其执行情况进行分析的基础上，以建设"以企业为主体、市场为导向、产学研深度融合的技术创新体系"为参照系，进一步厘清了我国支持科技创新的财政政策存在的问题；最后，从新时代完善我国的国家创新体系和加快我国科技创新的角度，有针对性地提出了改进与完善我国支持科技创新的财政政策思路和建议。

7.4.2　研究的创新与局限

本研究的创新主要体现在以下三个方面。

（1）针对新时代我国经济社会发展的现实需求，以及我国经济发展中加快推进"转方式、调结构、促升级"的现实要求，以实现由"要素驱动和投资驱动"发展转向"创新驱动"发展为背景，探讨促进我国科技创新的财政政策及其优化思路，本身具有鲜明的时代意义。

（2）通过国际比较，尤其是通过对我国与近年来世界上典型创新型国家支持科技创新的财政政策相关内容的梳理与比较，有利于厘清我国支持科技创新的财政政策的现状，以及与典型创新型国家的差异与差距，以求进一步明晰我国支持科技创新的财政政策的发展趋势，并针对性地提出了新时代完善我国支持科技创新的财政政策的路径与政策建议。

（3）结合新时代我国经济社会发展的现实需求与国家转型发展的目标，以国家创新体系建设为依托，以世界上典型创新型国家支持科技创新的财政政策发展趋势与我国建设"以企业为主体、市场为导向、产学研深度融合的技术创新体系"为参照系，针对完善和优化我国现行的支持科技创新的财政政策提出了相应的思路和建议。

局限性主要体现在以下两个方面。

一是在实证部分，由于政府采购与风险投资发展的起步较晚，相应的可查数据只有18年的数据，因此，对相关的实证结果可能有一定的影响。

二是关于中关村国家自主创新示范区的案例研究，基于学理分析的内容较多，相对缺乏实践感知，可能在相关问题的认识上存在一定的不足。

7.4.3 进一步研究的问题

科技创新的实现是一个复杂的过程，涉及诸多参与主体，更涉及众多相关制度、法律以及政策措施中所内含的激励机制，甚至一个国家的政治体制、文化传统也可能发挥作用。而本书中所涉及的财政政策只是推进科技创新政策措施中相对重要的政策措施之一，甚至从某种程度上来讲，单纯的财政政策还不足以完全解释当今社会中不断涌现的科技创新现象。

此外，本书还认为，无论是支持科技创新的科学政策、技术政策以及创新政策，还是支撑科技创新的相关制度建设；亦无论是基础研究、应用研究，还是试验与发展研究；更无论是以企业为主体、市场为导向、产学研深度融合的技术创新体系的构建，还是国家创新体系各要素的分工明确与相互合作，实质上其核心就是要解决支撑科技创新的相关制度与相关政策措施中的激励机制问题。从这一角度来讲，关于科技创新相关制度与政策措施建设中的激励机制设计就显得尤为重要。基于此，本书也认为，应以全球视野来谋划和推进创新，并从创新生态系统建设的高度来认识科技创新，除了支持科技创新的财政政策以外，以下几个方面制度与政策中的激励机制建设与完善也是推进科技创新的关键，同时也是本书需要进一步深入研究的重点所在。

（1）专利制度的有效实施。就促进经济发展的动力而言，从历史与现实的角度来看，科技创新无疑具有重大意义。当然也有持异议者，有学者认为在促进经济发展的诸要素当中，制度贡献远胜于科技进步对经济增长的贡献，因为，在他们研究的视角下，激励兼容的制度设计必然会提升人们参与科技创新的积极性，进而推进科技进步与经济增长。从新制度经济学与熊彼特关于创新的认识来看，科技创新只是经济增长本身，经济增长本身是一个循环不断的创造性毁灭的过程，而在这一过程中，科技创新虽然是主要推进动力，但是，究竟什么又是推进科技创新的核心动力？本书认为，从人性的角度来看，专利制度的建设从保护私权的角度给予了发明创造者极大的利益激励，进而使得个人、企业积极投身于科技创新这一过程，并不断地推进一国科技创新成果的涌现。这一点，世界上典型创新型国家的创新实践中相关法律制度的建设就是较好的诠释。如意大利威尼斯于1474年颁布了《专利法》；英国于1624年颁布了《垄断法》，其中对专利的授权与转让都做出了相对明确的规定；美国于1790年制定了第一部《专利法》，以鼓励发明创造。时至今日，这些国家无一例外都是当今世界上公认的科技创新强国。基于这样的认识，再反观我国的科技创新进程，究竟是肇始于20世纪80年代的改革开放政策，以及相应的市场经济制度建设与完善本身推进了我国科技创新，还是专利制度的建设与实施本身在推进我国科技创新的进程中发挥了主要作用，应该是接下来探讨的重点问题之一。

（2）国家创新体系的建设。加强国家创新体系建设，是加快提升我国科技创新能力、培育壮大发展新动能的根基所在。目前，我国的国家创新体系建设正处于形成和完善过程当中，最终目标是要建立起"以企业为主体、市场为导向、产学研深度融合的技术创新体系"。需要说明的是，在该体系形成过程中，涉及多个创新主体，由于各创新主体本身的特点，以及各创新主体本身所具有的优势与劣势，分工合作、优势互补必然是实现科技创新产出最大化的不二选择。基于此，各创新主体各归其位，分工合作，各司其职的激励兼容机制设计应该是国家创新体系建设的核心议题，即进一步明确高等学校、科研院所和企业在创新体系中的地位，完善合作机制，发挥各自优势，促进产学研深度融合，进一步提高科技为经济服务的能力，以此来增强协同创新能力，提高创新体系的效率。从2006年我国科学技术发展规划纲要与实施配套政策的相关内容来看，这一点似乎应该在逐步明确。但需要强调的是，除了分工，在科技创新的实现过程中，各创新主体之间的有效合作也至关重要。而就经济主体之间的合作而言，合作过程中建立在利益基础上的激励机制建设是各创新主体之间进行有效合作的前提和基础。基于此，在进一步的研究中，对科技创新各主体之间的有效合作机制问题进行探讨也应该是较为重要的议题。

此外，要不断完善成果转化机制和政策体系，进一步落实科研成果转化的收益分配政策，培育和发展专业技术转移机构，鼓励创新创业，促进科研成果实实在在地转变为生产力。同时，加强对中小企业创新的支持，充分发挥中小企业在科技创新体系中的主力军作用。进一步推进区域创新环境建设，通过营造各具特色的区域创新体系，着力打造区域创新中心，引领带动提升区域创新能力。

（3）创新平台的建设。从世界上典型创新型国家科技创新的实践来看，创新平台的建设与有效运转也是推进一国科技创新不断涌现的重要因素。在前述比较分析中，我们发现在世界各国的创新平台的建设中，创新型人才的培养与引进近年来正日益成为世界上典型创新型国家创新政策普遍较为重视的领域。因为，创新驱动的实质是人才驱动。经济社会发展的实践也不断证明，人力资源是第一资源，是一个国家经济社会实现可持续发展与提高国际经济竞争力的核心要素。基于此，创新平台的建设要以调动科技人员的积极性为重点，进一步改革科技体制，完善科研管理、科技评价奖励等制度，为科研主体简除烦苛、松绑放权；落实好以增加知识价值为导向的分配政策，实行更加灵活多样的薪酬激励制度，促进创新人才的集聚，实现科技创新的不断涌现。然而，目前我国在创新平台建设中，对如何完善科技创新人才的培养机制，如何建设吸引科技创新人才不断聚集的环境，引进后如何实现有效激励，如何建设创新文化等主题还没有相对完善的探讨，也应该是本书需要进一步探索的内容。具体而言，可以考虑在我国创新生态较好的地区，打造具有国际影响力的区域创新中心，集聚全球高端创新要素，成为全球科技创新的引领者和创新网络的关键枢纽，起到带动效应。

（4）营造有利于创新的生态环境。科技创新成果的不断涌现，不仅需要基础设施等"硬件"支撑，制度、文化等"软件"做保障，更需要从创新生态的高度来构建创新的生态环境。首先,要进一步营造创新文化。一方面要全面提升公民的科学素质,如广泛开展科学普及教育,不断提升劳动者的科学文化素质,加快科学精神和创新文化的传播,进一步夯实创新发展的群众和社会基础。另一方面要营造宽容失败的机制和氛围,鼓励和保护敢于创新、勇于创新、不怕失败的精神。因为,对于创新活动而言,政策过于严苛或者缺乏弹性,很容易使刚刚起步的创新活动夭折。其次,还应在创造包容性的创新发展环境上下功夫。对此,一方面要加快形成全社会"既鼓励创业创新,又能宽容失败"的良好人文社会环境;另一方面要加快建立"既能使创业者失败得起,又有东山再起的机会"的相应政策保障体系,以解除创业创新者的后顾之忧。最后,要营造公平竞争的市场环境和法治环境,如强化知识产权保护,加快构建知识产权创造、保护、运用和服务体系;在全社会大力营造尊重知识、支持创新、追求卓越的环境条件,让社会中蕴藏的创造潜能更好释放出来;严格公平执法,减少行政干预,建立公平竞争的市场秩序,为各种所有制、各种规模、各种技术路线的企业提供公平获得创新资源和参与市场竞争的机会,真正形成优胜劣汰的竞争机制。此外,还要建立激励创新、审慎包容的市场监管体系。转变传统的监管模式,进一步放宽市场准入,减少行政审批。市场监管要为创新开拓市场通道,对新兴产业、新业态和新模式要允许先行先试,及时总结经验,逐步规范。

(5) 科技型中小微企业的扶持政策研究。以企业为主体的创新是实现我国经济转型的基础,且生产率的提高最终也要靠企业来实现。因此,企业是创新的主体,强化政策扶持,助力中小微企业发展,是新常态下加快培育经济增长新动能,促进产业转型升级的必然选择。在高等学校、科研机构、企业、政府等多角色构成的创新体系中,企业是技术与商业创新的主体,是研发活动的主要执行者,也是推进新技术产业化的主导力量。但是,目前我国很多中小微企业在初创、研发、中试、产品上市的各个发展阶段都遇到了融资难、人才不足等瓶颈,在产业化阶段更是困难重重。因此,应从影响中小微企业发展的核心因素着手,围绕中小微企业不同发展阶段的政策需求,依据各政策工具不同的特点与作用机理,从中小微企业发展全生命周期的视角出发，针对制约中小微企业发展的资金、技术创新、人才，以及管理等核心因素，重点就财政政策工具之间的匹配和财政政策与社会保障政策、公共服务政策、科技政策、金融政策，以及人才政策之间的匹配进行设计，进而为中小微企业的发展创造良好的内外部政策环境，推动中小微企业由"低、散、弱"向"高、精、尖"迈进。

附 表 一

1995—2012 年税收优惠、政府采购、创业风险投资强度、GDP、全国 R&D 经费支出以及全国财政科技拨款情况。

单位：亿元

年份	税收优惠	政府采购规模	创业风险投资强度	GDP	全国 R&D 经费支出	财政科技拨款
1995	24.40	—	—	59 810.53	348.69	302.36
1996	27.70	—	—	70 142.49	404.48	348.63
1997	32.50	—	—	78 060.85	509.16	408.86
1998	34.00	31.00	537.10	84 402.28	551.12	438.60
1999	43.10	131.00	595.60	89 677.05	678.91	543.90
2000	60.90	327.00	568.60	99 214.55	895.66	575.60
2001	76.30	653.20	624.90	109 655.17	1 042.49	703.30
2002	96.60	1 009.60	872.30	120 332.69	1 287.64	816.20
2003	124.30	1 659.40	920.00	135 822.76	1 539.60	944.60
2004	164.70	2 135.70	972.10	159 878.34	1 966.30	1 095.30
2005	215.70	2 927.60	901.10	184 937.37	2 450.00	1 334.90
2006	281.20	3 681.60	802.51	216 314.43	3 003.10	1 688.50
2007	364.40	4 660.00	973.37	265 810.31	3 710.20	2 113.50
2008	357.40	5 990.90	1041.25	314 045.43	4 616.00	2 581.80
2009	427.90	7 413.20	1059.77	340 902.81	5 802.11	3 276.80
2010	535.20	8 422.00	1356.53	401 512.80	7 062.58	4 196.70
2011	670.60	11 332.50	1550.53	473 104.05	8 687.00	4 797.00
2012	798.80	13 977.70	—	519 470.00	10 298.41	5 600.10

附 表 二

2012年全国各个地区增值税、营业税、企业所得税以及企业R&D经费支出情况。

单位：亿元

地　区	增 值 税	营 业 税	企业所得税	企业R&D经费支出
北京	9 883 252	11 233 981	38 287 364	1 973 442
天津	14 201 243	3 568 066	3 047 705	2 558 685
河北	12 043 145	4 747 205	4 959 505	1 980 850
山西	9 435 332	2 950 097	4 870 962	1 069 590
内蒙古	7 478 962	2 834 948	4 162 999	858 477
辽宁	10 107 830	5 051 814	4 328 518	2 894 569
吉林	2 628 984	1 969 655	1 863 972	604 326
黑龙江	7 223 065	2 173 062	4 215 981	906 170
上海	25 533 501	6 767 036	11 356 378	3 715 075
江苏	22 455 972	14 134 717	11 867 650	10 803 107
浙江	26 677 500	9 164 902	10 303 587	5 886 071
安徽	6 348 117	4 510 175	3 880 880	2 089 814
福建	5 583 960	4 153 884	4 484 281	2 381 656
江西	3 894 762	3 240 252	2 503 569	925 985
山东	24 322 131	7 856 682	8 415 234	9 056 007
河南	7 168 303	4 260 658	4 198 337	2 489 651
湖北	5 451 458	4 213 849	3 696 506	2 633 099
湖南	5 843 335	3 222 824	2 514 747	2 290 877
广东	36 996 580	12 312 542	13 893 845	10 778 634
广西	5 286 310	2 306 404	8 721 681	702 225

续表

地 区	增值税	营业税	企业所得税	企业R&D经费支出
海南	768 674	1 125 170	875 199	78 093
重庆	3 107 601	3 150 135	2 170 112	1 171 045
四川	7 967 083	6 314 417	5 197 222	1 422 310
贵州	3 281 159	2 117 815	2 017 108	315 079
云南	5 738 243	2 981 961	2 935 716	384 430
西藏	282 820	186 138	258 854	5 312
陕西	7 608 911	3 561 553	3 988 100	1 192 770
甘肃	2 903 346	1 129 381	790 578	337 785
青海	1 126 642	522 733	410 769	84 197
宁夏	1 103 664	800 574	608 960	143 696
新疆	5 855 350	2 268 859	2 359 822	273 425

参 考 文 献

中文译著：

[1] 谢勒. 技术创新：经济增长的原动力 [M]. 姚贤涛, 王倩, 译. 北京：新华出版社, 2001.

[2] 钱纳里, 鲁宾逊, 赛尔奎因. 工业化和经济增长的比较研究 [M]. 吴奇, 王松宝, 等译. 上海：上海三联书店, 1989.

[3] 罗斯托. 经济增长的阶段：非共产党宣言 [M]. 郭熙保, 王松茂, 译. 北京：中国社会科学出版社, 2001.

[4] 罗斯托. 这一切是怎么开始的：现代经济的起源 [M]. 黄其祥, 纪坚博, 译. 北京：商务印书馆, 1997.

[5] 埃德奎斯特, 赫曼. 全球化、创新变迁与创新政策：以欧洲和亚洲10个国家（地区）为例 [M]. 胡志坚, 王海燕, 译. 北京：科学出版社, 2012.

[6] 刘易斯. 经济增长理论 [M]. 周师铭, 沈丙杰, 沈伯根, 译. 北京：商务印书馆, 1996.

[7] 肯尼迪. 大国的兴衰（上）[M]. 王保存, 王章辉, 余昌楷, 等译. 北京：中信出版社, 2013.

[8] 贝尔. 资本主义文化矛盾 [M]. 赵一凡, 蒲隆, 任晓晋, 译. 北京：生活·读书·新知三联书店, 1989.

[9] 布罗姆利. 经济利益与经济制度：公共政策的理论基础 [M]. 陈郁, 郭宇峰, 汪春, 译. 上海：上海人民出版社, 2007.

[10] 诺思. 经济史中的结构与变迁 [M]. 陈郁, 罗华平, 等译. 上海：上海三联书店, 1991.

[11] 诺思. 制度、制度变迁与经济绩效 [M]. 刘守英, 译. 上海：上海三联书店, 1994.

[12] 库兹涅茨. 各国的经济增长 [M]. 常勋, 译. 北京：商务印书馆, 1999.

[13] 马斯格雷夫 R A, 马斯格雷夫 P B. 财政理论与实践 [M]. 5版. 邓子基, 邓力平, 译. 北京：中国财政经济出版社, 2003.

[14] 杜思韦特. 增长的困惑（修订版）[M]. 李斌, 姜锋, 宫庆彬, 译. 北京：中国社会科学出版社, 2008.

[15] 法格博格,莫利,纳尔逊. 牛津创新手册[M]. 柳卸林,刘忠,译. 北京:知识产权出版社,2009.

[16] 尼尔森. 国家(地区)创新体系:比较分析[M]. 曹国屏,刘小玲,王程锌,等译. 北京:知识产权出版社,2012.

[17] 纳尔逊,温特. 经济变迁的演化理论[M]. 胡世凯,译. 北京:商务印书馆,1997.

[18] 米都斯,等. 增长的极限:罗马俱乐部关于人类困境的报告[M]. 李宝恒,译. 长春:吉林人民出版社,1997.

[19] 马克思,恩格斯. 马克思恩格斯全集(第46卷)[M]. 中共中央马克思恩格斯列宁斯大林著作编译局,译. 北京:人民出版社,1979.

[20] 马克思. 资本论(第三卷)[M]. 中共中央马克思恩格斯列宁斯大林著作编译局,译. 北京:人民出版社,1975.

[21] 波特. 竞争论[M]. 刘宁,高登第,李明轩,译. 北京:中信出版社,2009.

[22] 波特. 国家竞争优势[M]. 李明轩,邱如美,译. 北京:华夏出版社,2002.

[23] 斯通曼. 技术变革的经济分析[M]. 北京技术经济和管理现代化研究会技术经济学组,译. 北京:机械工业出版社,1989.

[24] 索洛,等. 经济增长因素分析[M]. 史清琪,等译. 北京:商务印书馆,1991.

[25] 斯密. 国民财富的性质和原因的研究[M]. 郭大力,王亚南,译. 北京:商务印书馆,1972.

[26] 斯蒂格利茨. 社会主义向何处去:经济体制转型的理论与证据[M]. 周立群,韩亮,余文波,译. 长春:吉林人民出版社,1998.

[27] 熊彼特. 经济发展理论:对利润、资本、信贷、利息和经济周期的探究[M]. 叶华,译. 北京:中国社会科学出版社,2009.

[28] 熊彼特. 资本主义、社会主义与民主[M]. 吴良健,译. 北京:商务印书馆,1999.

中文专著:

[1]《经济学动态》编辑部. 当代外国著名经济学家[M]. 北京:中国社会科学出版社,1984.

[2] 中国科学院. 2012科学发展报告[M]. 北京:科学出版社,2012.

[3] 常修泽. 创新立国战略[M]. 北京:学习出版社,2013.

[4] 邓小平. 邓小平文选[M]. 北京:人民出版社,1989.

[5] 段小华. 科技公共投入支持新兴产业发展的有效性研究[M]. 北京:中国社会科学

出版社，2012.

[6] 范柏乃. 面向自主创新的财税激励政策研究 [M]. 北京：科学出版社，2010.

[7] 冯之浚. 国家创新系统的理论与政策 [M]. 北京：经济科学出版社，1999.

[8] 傅家骥. 技术创新学 [M]. 北京：清华大学出版社，1998.

[9] 高德步. 西方世界的衰落 [M]. 北京：中国人民大学出版社，2009.

[10] 高培勇. 公共经济学 [M]. 北京：中国社会科学出版社，2007.

[11] 国家统计局科技统计司. 技术创新统计手册 [M]. 北京：中国统计出版社，1993.

[12] 国家税务总局税收科学研究所. 外国税制概览 [M]. 4版. 北京：中国税务出版社，2012.

[13] 国家税务总局政策法规司. 税收优惠政策汇编 [M]. 北京：中国税务出版社，2012.

[14] 贾康，等. 科技投入及其管理模式研究 [M]. 北京：中国财政经济出版社，2006.

[15] 贾康，等. 建设创新型国家的财税政策与体制变革 [M]. 北京：中国社会科学出版社，2011.

[16] 雷家骕. 经济及科技政策评估：方法与案例 [M]. 北京：清华大学出版社，2011.

[17] 厉以宁. 中国经济双重转型之路 [M]. 北京：中国人民大学出版社，2013.

[18] 林毅夫，蔡昉，李周. 中国的奇迹：发展战略与经济改革（增订版）[M]. 上海：格致出版社，上海三联书店，上海人民出版社，2012.

[19] 聂颖. 中国支持科技创新的财政政策研究 [M]. 北京：中国社会科学出版社，2013.

[20] 钱颖一. 现代经济学与中国经济改革 [M]. 北京：中国人民大学出版社，2003.

[21] 王朝才，苏清泉. 地方政府支持自主创新的财税政策研究 [M]. 北京：经济科学出版社，2012.

[22] 徐博. 促进我国自主科技创新的财税政策研究 [M]. 北京：经济科学出版社，2010.

[23] 薛澜，柳卸林，穆荣平. OECD中国创新政策研究报告 [M]. 北京：科学出版社，2011.

[24] 徐晓雯. 中国政府科技投入：经验研究与实证研究 [M]. 上海：上海三联出版社，2011.

[25] 中国科学院. 科技发展新态势与面向2020年的战略选择 [M]. 北京：科学出版社，2013.

[26] 中国科学院. 2013高技术发展报告 [M]. 北京：科学出版社，2013.

[27] 世界银行和国务院发展研究中心联合课题组. 2030年的中国：建设现代、和谐、有创造力的社会 [M]. 北京：中国财政经济出版社，2013.

[28] 中国科学技术发展战略研究院. 国家创新指数报告：2013 [M]. 北京市：科学技术文献出版社，2014.

中文期刊：

[1] 安维复. 从国家创新体系看现代科学技术革命 [J]. 中国社会科学，2000（5）：100-112，206.

[2] 包健. 我国财政科技支出优化分析 [J]. 科学管理研究，2010（3）：79-81.

[3] 蔡昉. 顺水行舟：失衡世界经济背景下的中国经济调整 [J]. 经济前沿，2008（6）：2-6.

[4] 操龙灿，杨善林. 产业共性技术创新体系建设的研究 [J]. 中国软科学，2005（11）：77-82.

[5] 曹勇，赵莉. 日本建设创新型国家的推进机制及其借鉴研究 [J]. 中国科技论坛，2009（7）：129-133，138.

[6] 常修泽. 中国新发展模式下的经济增长方式转变 [J]. 学习与探索，2005（6）：8-10.

[7] 常修泽. 中国发展转型问题研究（上）[J]. 理论视野，2010（10）：10-12，59.

[8] 常修泽. 中国发展转型问题研究（下）[J]. 理论视野，2010（11）：21-23，42.

[9] 陈玲，林泽梁，薛澜. 双重激励下地方政府发展新兴产业的动机与策略研究 [J]. 经济理论与经济管理，2010（9）：50-56.

[10] 创新型国家支持科技创新的财政政策课题组，丁学东. 创新型国家支持科技创新的财政政策 [J]. 经济研究参考，2007（22）：2-29.

[11] 财政部财政科学研究所课题组，贾康，罗建钢，等. 促进我国自主知识产权成果产业化的财政政策研究 [J]. 经济研究参考，2007（22）：30-48.

[12] 戴晨，刘怡. 税收优惠与财政补贴对企业R&D影响的比较分析 [J]. 经济科学，2008（3）：58-71.

[13] 丁厚德. 建设创新型国家：新时期国家战略的选择 [J]. 科学学研究，2006（S1）：1-6.

[14] 邓子基，杨志宏. 财税政策激励企业技术创新的理论与实证分析 [J]. 财贸经济，2011（5）：5-10，136.

[15] 董再平. 支持我国科技自主创新的税收政策探讨 [J]. 税务与经济，2007（1）：80-84.

[16] 樊慧霞. 促进科技创新的税收激励机制研究 [J]. 科学管理研究, 2013 (2): 110-112, 120.

[17] 范方志, 张耿庆. 中国技术创新政府干预的理论依据 [J]. 统计研究, 2004 (11): 60-61.

[18] 古利平, 张宗益, 康继军. 专利与 R&D 资源: 中国创新的投入产出分析 [J]. 管理工程学报, 2006 (1): 147-151.

[19] 辜胜阻, 王敏, 李洪斌. 转变经济发展方式的新方向与新动力 [J]. 经济纵横, 2013 (2): 1-8.

[20] 郭玉清. 创新、经济增长方式转型与财政目标取向 [J]. 天津社会科学, 2008 (5): 70-78.

[21] 国家发改委经济研究所课题组, 刘树杰, 宋立, 等. 总报告: 面向 2020 年的中国经济发展战略研究 [J]. 经济研究参考, 2012 (43): 4-34.

[22] 扈春香. 改革开放以来中国科技政策发展回顾 [J]. 生产力研究, 2009 (12): 5-8.

[23] 洪银兴. 科技创新路线图与创新型经济各个阶段的主体 [J]. 南京大学学报 (哲学. 人文科学. 社会科学版), 2010 (2): 5-11, 158.

[24] 洪银兴. 科技创新与创新型经济 [J]. 管理世界, 2011 (7): 1-8.

[25] 洪银兴. 论创新驱动经济发展战略 [J]. 经济学家, 2013 (1): 5-11.

[26] 胡明勇, 周寄中. 政府资助对技术创新的作用: 理论分析与政策工具选择 [J]. 科研管理, 2001 (1): 30, 31-36.

[27] 胡卫. 论技术创新的市场失灵及其政策含义 [J]. 自然辩证法研究, 2006 (10): 63-66, 114.

[28] 胡卫, 熊鸿军. R&D 税收刺激: 原理、评估方法及政策含义 [J]. 管理科学, 2005 (1): 84-91.

[29] 黄惠春. 科技创新与风险投资 [J]. 现代管理科学, 2003 (2): 89-90.

[30] 黄茂兴, 郑蔚. 新中国成立 60 年中国科技创新活动的发展成就与政策前瞻 [J]. 经济研究参考, 2009 (67): 34-44, 52.

[31] 孔淑红. 税收优惠对科技创新促进作用的实证分析: 基于省际面板数据的经验分析 [J]. 科技进步与对策, 2010, 27 (24): 32-36.

[32] 李炳安. 美国支持科技创新的财税金融政策研究 [J]. 经济纵横, 2011 (7): 97-99.

[33] 刘凤朝, 孙玉涛. 我国科技政策向创新政策演变的过程、趋势与建议: 基于我国 289

项创新政策的实证分析 [J]. 中国软科学,2007 (5):34-42.

[34] 李丽青. 我国现行 R&D 税收优惠政策的有效性研究 [J]. 中国软科学,2007 (7):115-120.

[35] 李文明,袁晓莉. 科技创新及其微观与宏观系统构成研究 [J]. 科技管理研究,2006 (9):225-228.

[36] 李云鹤,李湛. 改革开放 30 年中国科技创新的演变与启示 [J]. 中国科技论坛,2009 (1):7-11.

[37] 梁兴英. 浅议科技创新 [J]. 中国行政管理,1998 (9):14-15.

[38] 林毅夫,任若恩. 东亚经济增长模式相关争论的再探讨 [J]. 经济研究,2007 (8):4-12,57.

[39] 林颖. 促进科技创新的税收政策研究 [J]. 税务研究,2007 (1):14-16.

[40] 刘军民. 提升企业自主创新能力的财税政策分析 [J]. 华中师范大学学报(人文社会科学版),2009,48 (2):45-55.

[41] 刘穷志. 激励自主创新:公共支出效应与最优规模 [J]. 数量经济技术经济研究,2007 (3):81-90,101.

[42] 刘诗白. 论科技创新 [J]. 改革,2001 (1):5-9.

[43] 刘伟. 促进经济增长均衡与转变发展方式 [J]. 学术月刊,2013,45 (2):70-81.

[44] 柳卸林. 新时期我国促进自主创新的政策解读:以财政政策为例 [J]. 山西大学学报(哲学社会科学版),2007 (3):177-182,226.

[45] 路甬祥. 对国家创新体系的再思考 [J]. 理论参考,2005 (9):4-6.

[46] 罗士俐. 外部性理论的困境及其出路 [J]. 当代经济研究,2009 (10):26-31.

[47] 吕薇. 产业创新中的政府角色 [J]. 中国高校技术市场,2001 (5):46.

[48] 吕薇. 我国创新政策的未来趋势 [J]. 中国发展观察,2008 (4):37-39.

[49] 国务院发展研究中心"增强我国自主创新能力的体制、机制和政策研究"课题组,吕薇. 我国创新体系的特点分析 [J]. 财经界,2007 (3):137-140.

[50] 仇怡,郑毅. 我国政府财政研发投入的现状与国际比较 [J]. 财政研究,2006 (3):80-81.

[51] 任保平,郭晗. 经济发展方式转变的创新驱动机制 [J]. 学术研究,2013 (2):69-75,159.

[52] 任真. 韩国的科技规划制定方法及组织实施 [J]. 科技政策与发展战略,2012 (2):

19-32.

[53] 宋健. 觉醒：中国科技政策的演变 [J]. 中国科学院院刊，2008，23（6）：505-512.

[54] 宋磊. 创新活动的中国悖论：成因与启示 [J]. 新视野，2013（2）：29-32，36.

[55] 孙文建，黄渝祥. 技术创新：中国经济新的增长点 [J]. 科学管理研究，2000（3）：1-4.

[56] 孙照钺. 美国政府引导建立科技创新体系的主要举措 [J]. 当代世界，2010（5）：65-66.

[57] 唐东会. 政府采购促进自主创新的机理探析 [J]. 现代管理科学，2008（2）：41-43.

[58] 王建梅，王筱萍. 风险投资促进我国技术创新的实证研究 [J]. 科技进步与对策，2011，28（8）：24-27.

[59] 王凯，庞震. 中国财政科技投入与经济增长：1978—2008 [J]. 科学管理研究，2010，28（1）：103-106，111.

[60] 王宁. 转变经济发展方式：结构、政策与路径 [J]. 经济学家，2012（10）：23-30.

[61] 王书玲，赵立雨. 政府科技投入的国际比较及目标强度研究 [J]. 科技进步与对策，2009（17）：9-13.

[62] 王银安. 财政支持自主创新的途径与方式 [J]. 经济研究参考，2013（6）：13.

[63] 吴和成. 基于截面数据的专利与科技投入关系实证研究 [J]. 科研管理，2008（3）：98-104.

[64] 吴敬琏. 制度重于技术：论发展我国高新技术产业 [J]. 经济社会体制比较，1999（5）：1-6.

[65] 吴秀波. 税收激励对R&D投资的影响：实证分析与政策工具选拔 [J]. 研究与发展管理，2003（1）：36-41.

[66] 卫兴华，侯为民. 中国经济增长方式的选择与转换途径 [J]. 经济研究，2007（07）：15-22.

[67] 夏杰长，尚铁力. 自主创新与税收政策：理论分析、实证研究与对策建议 [J]. 税务研究，2006（6）：6-10.

[68] 谢富纪，王旭东. 构建科技自主创新财税政策体系 [J]. 东岳论丛，2008（6）：44-46.

[69] 薛澜，林泽梁，梁正，等. 世界战略性新兴产业的发展趋势对我国的启示 [J]. 中国软科学，2013（5）：18-26.

[70] 杨东奇. 对技术创新概念的理解与研究 [J]. 哈尔滨工业大学学报（社会科学版），2000（2）：49-55.

[71] 袁浩然. 科技创新财税政策的合理边界研究 [J]. 科技进步与对策, 2010, 27 (1): 100-102.

[72] 姚海琳. 西方国家"再工业化"浪潮: 解读与启示 [J]. 经济问题探索, 2012 (8): 165-171.

[73] 姚先国. 转型发展中的增长动力优化 [J]. 人民论坛, 2012 (35): 13-15.

[74] 余志良, 谢洪明. 技术创新政策理论的研究评述 [J]. 科学管理研究, 2003 (6): 32-37.

[75] 俞忠钰, 吴康生. 电子工业的技术创新与经济发展 [J]. 中国科技论坛, 1990 (4): 12-14.

[76] 张桂玲, 左浩泓. 对我国现行科技税收激励政策的归纳分析 [J]. 中国科技论坛, 2005 (3): 37-39.

[77] 祝俊, 陈龙, 彭智勇, 等. 论国家科技创新政策与"产学研链条"关系的构建 [J]. 科技管理研究, 2008, 28 (12): 334, 337-339.

[78] 周叔莲, 王伟光. 科技创新与产业结构优化升级 [J]. 管理世界, 2001 (5): 70-78.

[79] 张晓强. 走中国特色创新驱动道路 实现发展方式根本转变 [J]. 求是, 2012 (13): 49-51.

[80] 赵修卫. 现代科技创新政策发展的四个特点 [J]. 科学学研究, 2006, 24 (6): 895-900.

[81] 中国经济增长与宏观稳定课题组, 张平, 刘霞辉, 等. 中国可持续增长的机制: 证据、理论和政策 [J]. 经济研究, 2008, 43 (10): 13-25, 51.

[82] 中国税务学会学术研究委员会第一课题组, 安体富, 石恩祥, 等. 支持企业自主创新的税收政策研究 [J]. 税务研究, 2007 (4): 29-38.

[83] 汪凌勇. 世界主要国家科技与创新战略新进展 [J]. 科技政策与发展战略, 2009 (1): 1-32.

外文文献:

[1] ARROW K J. Economic welfare and the allocation of resources for invention [J]. The rate and direction of inventive activity, 1962: 609-626.

[2] ARROW K J. The economic implications of learning by doing [J]. The review of economic studies, 1962, 29 (3): 155-173.

[3] BMBF. Ideas, innovation, prosperity: High-Tech strategy 2020 for Germany [R].

Bonn, Berlin: Federal Ministry of Education and Research (BMBF), 2010.

[4] BUCHANAN J M, Stubblebine W C. Externality [J]. Economica, 1962, 29 (116): 371-384.

[5] CUDDINGTON J T, MOSS D L. Technological change, depletion, and the U. S. petroleum industry [J]. American economic review, 2001, 91 (4): 1135-1148.

[6] DAVID P A, HALL B H, Toole A A. Is public R&D a complement or substitute for private R&D? A review of the econometric evidence [J]. Research policy, 2000, 29 (4-5): 497-529.

[7] ENOS J L. Petroleum progress and profits: a history of Process Innovation [M]. Cambridge, Mass: MIT. Press, 1962.

[8] FALK M. What drives business R&D intensity across OECD countries? [R]. Vienna: WIFO, 2004.

[9] FAN P. Innovation capacity and economic development: China and India [J]. Economic change and restructuring, 2011, 44 (1-2): 49-73.

[10] STEFAN F. The art of encouraging innovation: a new approach to government innovation policy [M]. Philadelphia: Corenet Books Inc, 1991.

[11] FREEMAN C. The economics of industrial innovation [M]. London: Routledge, 1997.

[12] FREEMAN C. The economics of hope: essays on technical change and economic growth and the environment [M]. London: Pinter, 1992.

[13] GEVORKYAN A V. Innovative fiscal policy and economic development in transition economies [M]. London: Routledge, 2011.

[14] GILL I S., KHARAS H J., & Bhattasali D. An east Asian renaissance: ideas for economic growth [M]. Washington D. C.: World Bank Publications, 2007.

[15] GUDDINGTOR J T, MOSS D L. Technological change, deletion, and the U. S. petroleum industry [J]. American Economic Review, 2001, 91: 113~148.

[16] GUELLEC D, DE LA POTTERIE B V P. The impact of public R&D expenditure on business R&D [J]. Economics of innovation and new technology, 2003, 12 (3): 225-243.

[17] CARNEY M, GEDAJLOVIC E. East asian financial systems and the transition from investment-driven to innovation-driven economic development [J]. International Jour-

nal of Innovation Management, 2000, 4 (3): 253 - 276.

[18] HODZŽIĆ S. Research and development and tax incentives [J]. South east european journal of economics and Business, 2012, 7 (2): 51 - 62.

[19] Japan's science and technology basic policy report [R]. Tokyo: Council for science and technology policy, 2010.

[20] KORTUM S. Equilibrium R&D and the patent-R&D ratio: US evidence [J]. American Economic Review, 1993, 83 (2): 450 - 457.

[21] KORTUM S, LERNER J. Assessing the contribution of venture capital to innovation [J]. RAND Journal of Economics, 2000: 674 - 692.

[22] LEYDEN D P, LINK A N. Why are governmental R&D and private R&D complements? [J]. Applied economics, 1991, 23 (10): 1673 - 1681.

[23] LUCAS R E. On the mechanics of economic development [J]. Journal of monetary economics, 1988, 22 (1): 3 - 42.

[24] LUNDVALL B. User-producer relationships, national systems of innovation and internationalisation [M]. London: Printer, 1992.

[25] MANSFIELD E, SWITZERL. How Effective Are Canada's Direct Tax Incentives for R and D? [J]. Canadian public policy, 1985, 11 (2): 241 - 246.

[26] MARSHALL A. Principles of economics: Eighth Edition [M]. London: Palgrawe Macmillan, 2004.

[27] METCALFE S. The economic foundations of technology policy: equilibrium and evolutionary perspectives [J]. Handbook of the economics of innovation and technological change, 1995: 446.

[28] MUESER R. Identifying technical innovations [J]. IEEE transactions on engineering management, 1985 (4): 158 - 176.

[29] NELSON R R. Simple economics of basic scientific research [J]. The journal of political economy, 1959, 67 (3): 297 - 306.

[30] NELSON R R. Understanding technical change as an evolutionary process [M]. Amsterdam: Elsevier, 1987.

[31] PAUS E. Confronting the middle income trap: insights from small latecomers [J]. Studies in comparative international development, 2012, 47 (2): 115 - 138.

[32] PATEL P, PAVITT K. The continuing, widespread (and neglected) importance of improvements in mechanical technologies [J]. Research policy, 1994, 23 (5): 533-545.

[33] PARK W G. A Theoretical model of government expenduture research and growth [J]. Journal of Eeonomic Behaiver & Organization, 1998, 34 (1): 69-85.

[34] ROMER P M. Increasing returns and long-run growth [J]. The journal of political economy, 1986, 94 (5): 1002-1037.

[35] SAMUELSON P A. The pure theory of public expenditure [J]. The review of economics and statistics, 1954, 36 (4): 387-389.

[36] SCHWAB K. The global competitiveness report 2010-2011 [R]. Geneva: World Economic Forum, 2010.

[37] SOLO C S. Innovation in the capitalist process: a critique of the Schumpeterian theory [J]. The quarterly journal of economics, 1951, 65 (3): 417-428.

[38] SOETE L. The Costs of a Non-innovative Europe: The Challenge Ahead [Z]. DEMETER Project, 2010: 8-9.

[39] SCHWAB K. The global competitiveness report 2012-2013 [R]. Geneva: World Economic Forum, 2012.

[40] World Bank. World Development Indicators 2010 [M]. Washington, D.C.: World Bank Publications, 2013.

[41] World Bank. East asia and pacific economic update 2010: robust recovery, rising risks [R]. Washington, D.C.: The World Bank, 2010.

后　　记

在本书即将付梓之际，心中五味杂陈。即将过去的2018年，必将是我终生难忘的一年。此刻，不愿再去回首那坎坷的求学生涯和跌宕起伏的人生历程，只是知道，自己曾经一直是这样一步一步地往前走着，从大学毕业到参加工作，从辞去工作到继续读研、读博，再到一名高校教师，其间我能做的就是不断地努力、坚持、踏踏实实地走好每一步。因为我始终相信，"没有付出就没有回报"，人生的每一笔付出，上天都会给您回报。

"生我者父母，教我者老师"。纵观我的成长经历，发现我是一个老师缘分特别好的人，可以说没有他们的悉心教导，就没有我的今天。感谢我的恩师许光建教授，曾记得2011年博士入学伊始，有一天被老师叫到办公室，老师从书架上取出几本书，嘱咐我认真阅读，之后的日子，最怕被师妹通知去老师办公室，不知何故，对老师有一种天然的敬畏感，每次向老师汇报、交流时始终战战兢兢，唯恐出错。但是，随着与老师接触次数的增多与交流的深入，发现老师不仅善良，而且善解人意，常常在谈笑风生中结合历史与现实给我以学习或生活上的启发。三年来，老师的博学、睿智、严谨、求真、宽容、善良给我留下了很深的印象。在日常学习与学术论文撰写过程中，从如何做文献检索、如何读书，到如何做研究设计以及如何写学术论文等方面，老师都给予我无微不至的教导。即便是在毕业临别之际，老师还教导我说工作中"凡事留有余地"，至今记忆犹新。可以说，三年的博士求学生涯，不仅使我的学术能力得以不断提升，而且从老师的言传身教中，学会了严谨的治学方法以及为人处世的道理，这些教导将会使我终身受用不尽。在此，三言两语无以表达我对恩师的感激之情，只能将老师的恩情与教导铭记在心，在以后的学习与工作中，将其发扬光大，以求无愧于在中国人民大学学习的三年时光与恩师的教导。

孙健老师是我人生关键时刻提携我的恩人，先生善良、洒脱、率真、勤奋、认真。从老师身上，我深切地体会到，什么是"坦坦荡荡做人"。硕士期间，至今记忆犹新的一件事就是第一次给老师打电话，由于我的不拘礼节，被老师批评了，从那以后，无论是接电话还是打电话，我都礼貌有加。师母杨红老师更是将我视同家人，博士毕业后到西北师范大学教书，师母戏称"在师大终于有自己的人了"。工作后，我发现老师之所以成果多，也是得益于不间断的付出，无论寒暑假还是周末，老师一直都在办公室读书写文章，这一点我今年也偷偷学到了。

感谢朱立言老师对我学习上的鼓励，生活上的关心和照顾，先生随和、睿智、真诚、宽容以及高超的语言表达艺术始终是我向往的境界；感谢黄燕芬老师对我的教导，先生对待学生严谨认真而又不失慈爱；感谢孙玉栋老师对我学业的教导，先生威严而不失随和；感谢崔军老师对我的教导与鼓励，先生治学勤奋而对学生宽容、理解；感谢李青老师对我学业上的关心和教导，先生待人接物和治学中的严谨态度始终是我学习的楷模。

感谢张文礼老师，也正是老师的一次批评改变了我的人生轨迹。硕士二年级时，我在学院助岗，一次偶然机遇，在孙健老师办公室见到张老师，问了我的情况，他认为我应该为毕业后的去向做打算，而不是为了一点小钱，天天忙得不亦乐乎。随后，我毅然辞去学院的助岗工作，开始读书，并决定考博，2011年硕士毕业，顺利考上了中国人民大学的博士。回想起来，若没有先生当年的当头棒喝，我的人生轨迹可能不是今天这样。

感谢王丰先老师，先生是一位为了理想奋斗的人，他奋斗的事迹堪比许多教科书中的英雄人物。曾经的一段求学生活期间，我住在老师的对面，每天他都读书至深夜，第二天我们起床时，他已经背完英语单词回来了，高中阶段，老师比学生勤奋，应该是少有的现象。当然，也正应了那句话"有志者、事竟成，破釜沉舟，百二秦关终属楚，苦心人、天不负，卧薪尝胆，三千越甲可吞吴"。高中毕业上大学后，老师继续奋斗，先后考取西北师范大学文学院研究生、北京大学博士，毕业后由于学业优秀，留北大任教，终于得偿夙愿。老师以实际行动诠释了奋斗的真理，对学生影响至深。

感谢北京求学期间同门的师兄、师姐、师弟、师妹以及常春、邢贺超、辛洪波、邬定国、袁博、丁力、肖翔、徐明、张毅、王俊杰、王超群等同学，在他们的陪伴下，才使得我博士期间的学习生活充满欢乐与幸福，在此一并谢过。祝愿他们一切顺利，事事顺心！最后，向所有在人生路上关心和帮助过我的老师、同学、朋友们致以最崇高的敬意和深深的感谢！

感谢我的父母对我一直以来的理解和默默支持，遗憾的是父亲于今年已经离我们而去，临终之际，他嘱咐我要"谦虚、低调，踏踏实实做人做事"。写到此处，我已泪流满面……此刻，心中唯一的念想就是继承父亲遗志，继续奋斗，照顾好我的母亲、妻儿和兄弟子侄。

谨以此书献给我敬爱的父亲！献给所有关心过我成长并依然关心我的家人、师长、同学、朋友。路漫漫其修远兮，在今后的工作生活中，我将更加努力，不断挑战自我，严于律己，持之以恒，以期取得更大的成绩。本书是我从事学术研究的第一本专著，恳请学界前辈、同行、老师多多批评，并提出您的宝贵意见，以期在今后的研究过程中进一步改进和完善。

李天建
2018 年 12 月 31 日